足球技术教学与训练

SOCCER SKILLS TEACHING AND TRAINING

张廷安　徐鹏　肖辉　编著

北京体育大学出版社

责任编辑：佟　晖
责任校对：未　茗
排版设计：李　鹤

图书在版编目（CIP）数据

足球技术教学与训练 / 张廷安等编著. -- 北京 : 北京体育大学出版社, 2017.7（2021.10重印）
ISBN 978-7-5644-2685-9

Ⅰ. ①足… Ⅱ. ①张… Ⅲ. ①足球运动－体育教学－教材②足球运动－运动训练－教材 Ⅳ. ①G843.2

中国版本图书馆CIP数据核字(2017)第181509号

足球技术教学与训练
zuqiu jishu jiaoxue yu xunlian　　**张廷安　徐鹏　肖辉　编著**

出版发行：北京体育大学出版社
地　　址：北京市海淀区农大南路1号院2号楼2层办公B-212
邮　　编：100084
网　　址：http：//cbs.bsu.edu.cn
发 行 部：010-62989320
邮 购 部：北京体育大学出版社读者服务部 010-62989432
印　　刷：北京瑞禾彩色印刷有限公司
开　　本：787mm × 1092mm　1/16
成品尺寸：185mm × 260mm
印　　张：9.75
字　　数：237千字
版　　次：2018年1月第1版
印　　次：2021年10月第4次印刷
定　　价：60.00元

图 例

白衣为进攻队员

红衣为防守队员

传球路线

跑动路线

运球路线

标志物

目录 CONTENTS

第一章　现代足球技术发展趋势

1 / 一、技术使用与目的结合得更加紧密

1 / 二、技术使用与速度结合得更加紧密

2 / 三、技术使用与攻守意识结合得更加紧密

2 / 四、技术使用与意志结合得更加紧密

2 / 五、技术与位置结合

3 / 六、技术使用与即兴结合得更加紧密

3 / 七、位置技术特长将越来越重要

3 / 八、隐蔽性强、突然性好的技术将会受到特殊的重视

3 / 九、地面传球技术更加受到重视

4 / 十、高效实用与简练安全是实战技术运用的主要发展方向

第二章　优秀职业足球运动员技术能力特点

5 / 一、系统全面

5 / 二、规范准确

6 / 三、精确控制

6 / 四、适应对抗

6 / 五、变化灵活

第三章　足球基本技术动作概念、作用、特点、动作要领

7 / 一、足球基本技术动作分类

8 / 二、踢球基本技术动作概念与动作要点

46 / 三、接球基本技术动作概念与动作要点
70 / 四、运球基本技术动作概念与动作要点
89 / 五、头顶球基本技术动作概念与动作要点
104 / 六、抢截/断球基本技术动作概念与动作要点
112 / 七、掷界外球
116 / 八、假动作
121 / 九、颠球

第四章　足球技术教学与训练

136 / 一、技术与技能
137 / 二、教学与训练

第五章　足球技术教学训练原则

142 / 一、直观性原则
143 / 二、系统性原则
144 / 三、针对性原则
145 / 四、渐进性原则
146 / 五、质量性原则

第一章 现代足球技术发展趋势

一、技术使用与目的结合得更加紧密

足球比赛中运动员为完成自己的攻守战术意图时会采用不同的技术动作方法，技术方法的使用是为了表达与实现运动员在比赛中的想法。因此，技术的使用必然要结合一定的战术目的而使用。运动员在比赛中的终极攻守目的只有两个，攻的终极目的是将球射入对方球门己方得分，守的终极目的是破坏对方的进攻和射门以防止己方失分。围绕着这两个终极目的，运动员在比赛的进攻或防守过程中不断地变化自己的瞬时行动目的，以使自己的进攻和防守能够朝着更加有利地实现本队的终极目的方向发展。在这一过程中，每一个瞬时目的的实现与完成都需要结合技术方法去进行。而且在当今世界足球比赛中以“突出主动控制、积极压迫对手、注重攻守速度、追求攻防效率”为总体发展趋势情况下，运动员在有球时的对抗更加迅猛与激烈。正是由于这种发展趋势带来的比赛中攻守对抗过程的变化，使得运动员在技术使用时更加注意与自己的瞬时目的巧妙紧密地结合，以保证使自己或同伴能够有最大的可能性去实现本队的终极攻守目的。

二、技术使用与速度结合得更加紧密

现代足球比赛中，一场高水平世界杯决赛阶段的比赛双方攻守转换次数高达100次以上，射门进球前的传球次数越少进球越多，进攻过程时间越少成功率越高。如第17、18届世界杯足球赛中前场发动快速反击的成功率为70.73%，中场的为48.33%， 后场的只有46.25%，而且名次列前的队运用快速反击战术的数量与质量均优于名次列后的队。[1]有资料显示，在第29届奥运会足球比赛前4名球队通过攻守转换获得进球的总数中，有66.7%的进球所需要时间是在10秒之内。[2]攻守速度的加快要求运动员在比赛中能够在最快的运动状态下用最少的时间完成各种技术动作，只有这样运动员才能够在如此之快的攻守过程中获得最大的攻守利益。

三、技术使用与攻守意识结合得更加紧密

所谓意识，是指运动员在对足球比赛攻守规律充分认识的基础上，根据临场实际情况的瞬间变化，适时地采取正确、合理、高效应对方法的快速思维决策能力。运动员的意识水平越好，其在比赛中的决策过程就会越快越正确越巧妙，与技术使用的结合就越精妙。如比赛中传中球为绕过防守队员的弧度控制，为了达到门前同伴获得射门的最佳触球位置的飞行速度与高度的控制，这些战术都需要通过精确的技术动作运用来实现。而技术动作只有与各种各样的攻守战术意识相结合才能发挥技术的作用与优势。

四、技术使用与意志结合得更加紧密

现代足球比赛中高强度对抗和大强度运动的特点，使得运动员在比赛中必须具备良好的意志品质，只有这样才能更好地完成比赛任务。如为了获得时间采用的鱼跃冲顶、为了解除本方门前危机的凌空倒勾、为了获得空中优势的跳起争顶头球等等动作的完成。一方面，足球比赛时间长，运动员在比赛中的生理负荷量很大，其常常会在一种极度疲劳的状态下完成技术动作；另一方面，足球运动是允许直接身体对抗的集体竞技项目，在比赛中双方队员发生身体直接的对抗性也很强，运动员常常要直接面对对手的身体冲撞等，如果没有良好的意志品质做保障，运动员所有的技术动作都是很难充分发挥其应有的作用的。技术使用与意志结合的前提是运动员在身体素质方面要有充分的训练与准备，是建立在运动员身体素质全面良好的训练基础上的。

五、技术与位置结合

现代足球比赛中运动员在攻守过程中的技术表现与其场上所担当的位置职责有关。最典型的可谓是守门员技术的运用，还有如中后卫的头顶球或抢球技术运用，后卫队员的转身踢球技术、以及进攻队员从边路进攻到对方球门线附近的传中技术，在罚球区附近的接球射门、运球突破等技术与个人位置与场区地点有关联。

[1] 方仁权.第17、18届世界杯足球赛运用快速反击战术的对比分析[J].中国体育科技，2007,43(3).

[2] 陈亚中，高原，韩帛辰. 对第29届奥运会优秀男子足球队伍快速攻守转换瞬间的研究[J].中国体育科技，2010,46(2).

六、技术使用与即兴结合得更加紧密

虽然技术是足球比赛中最重要的部分，技术动作方法也有其自身的技术动作规范要求。但这并不是说足球技术的使用就要千篇一律地按照某种预设的方式进行。足球技术的使用是运动员根据比赛中的实际情况，以最大限度地完成自己的比赛意图而随机使用的。在对抗激烈的比赛场景下，攻守双方行动意图瞬息万变，运动员在选择攻守技术时常常会采用出乎对手意料的技术手段以达到战胜对手的目的。这种随机应变的能力以运动员高超的技术能力为基础，如果没有高超的技术能力做保障，是不可能有随心所欲的自由活动空间的。

七、位置技术特长将越来越重要

现代足球比赛中，运动员在整体进攻与整体防守的过程中，每个队员仍旧有自己的主要位置/比赛职责，而这种主要位置/比赛职责限定了运动员的基本攻守活动区域。运动员在比赛中的这种限区域定性要求每个运动员都要有自己的位置技术特长，以便能够更好地完成自己的位置/比赛职责。如梅西在前锋线上的高超运球过人技术、哈维在中场组织进攻的巧妙传球技术。如果一个运动员没有良好的位置技术，则其很难完成好自己在比赛中的位置/比赛职责。位置技术是运动员完成位置/比赛职责的最重要的基本保障条件之一。

八、隐蔽性强、突然性好的技术将会受到特殊的重视

现代足球比赛中双方拼抢十分激烈，能够在无对抗状态下的自由活动空间与时间越来越少。这种比赛场景下，对个人的攻守能力提出了更高的要求。特别是对控球队员来说，能够在空间与时间都极尽困难的状态下，将球传到最有利于进一步扩大进攻的同伴脚下，或者是传到最具威胁的射门同伴脚下和区域内，往往会采用突然改变动作节奏和动作方法来隐蔽自己的传球意图。如常常采用脚背外侧的拨、蹭、挑，脚跟传球，脚内侧突然改变传球方向的蹭、弹踢等方式。通过改变传球方式与节奏的策略和方法以达到减少对方队员提前判断的时间，打乱对手的防守步骤，从而使自己的传球进攻或射门配合意图能够更好地实现。如法国著名中场队员齐达内、巴西的国脚罗纳尔迪尼奥等进攻型中场队员，以及世界著名球星阿根廷队的梅西和葡萄牙队的C罗这些前锋队员，他们在使用隐蔽性强、突然性好的技术动作方面都具有极好的能力。

九、地面传球技术更加受到重视

对接球同伴来说，接地面来球比接空中来球能够更便捷地直接处理球和改变来球方向及来球速度，更能体现以突出进攻速度为重要特征的现代足球比赛要求。通过对2010年南非世界杯和2014年巴西世界杯的比赛观摩可以明显地发现，在进攻配合中，队员之间的传球都是

尽可能地保持以地面传球为主。在20世纪80年代和90年代常见的长传空中球的现象大大减少了，甚至30m左右的长传球也出现用脚内侧以传地面球给同伴的场面。

十、高效实用与简练安全是实战技术运用的主要发展方向

现代足球比赛中，特别是在两个罚球区附近由于攻守对抗越来越激烈，控球队员在完成技术动作时最重要和最优先考虑的要素是高效实用和简练安全。比赛中，为了达到同样目的，能够用简洁的方法完成的动作，绝对不用复杂的方法去完成，能够一次完成的动作绝不用两个动作来完成已经成为高水平职业足球运动员的一种习惯方式。如在世界杯和欧洲杯这样的顶级比赛中，无论前锋还是后卫队员，接控球时，在不能直接传球的情况下，几乎都是一接一传，少有那种接一下，调整一下，再传球的现象。现代足球比赛中运动员在技术动作运用时选择最直接有效又最节省时间与体力的动作方式已经成为明显的发展趋势。

第二章 优秀职业足球运动员技术能力特点

要想快速促进中国足球运动水平的提高，既要把握世界足球技术的发展方向与趋势，也要准确把握当前世界优秀职业足球运动员的技术能力特点。这也是我国广大的儿童青少年、各级各类足球运动员、教练员、教师及相关科研人员应学习与了解的重要方面。下面就世界优秀职业足球运动员在比赛中表现出的技术能力特点进行简要陈述。

一、系统全面

从2010年的南非世界杯比赛、2011年美洲杯比赛、2012年欧洲锦标赛等世界顶级比赛中的运动员在技术能力方面的表现中可以看到，优秀职业足球运动员在技术动作使用上，不但左右脚均能够完成多种性质的传、接、运、射等技术动作，而且身体的其他合理部位也有良好的处理多种不同性质来球的能力。一些高难度的动作，如鱼跃冲顶、凌空倒勾射门或解围等，在比赛中可以经常见到运动员完成得很漂亮优美。从这些技术动作的完成表现方面来看，反映出世界优秀职业足球运动员在技术能力方面的训练是系统与全面的。

二、规范准确

优秀的职业足球运动员在技术动作完成过程中，特别是在传、接、运、射方面的技术动作完成，均表现出高质量的规范水平。如传接球，比赛中常常可见接球队员以规范的“前迎后撤”动作干净利落地完成接球，然后又以快速规范的脚法传出距离在40m以上或更远距离的准确的长传球。优秀职业足球运动员在比赛中一接一传的技术动作规范性与动作环节的准确性水平相当高。

三、精确控制

精确控制主要表现为有球队员在传球和射门的落点控制方面。传球队员和射门队员能够很精确地控制球的运行时间和运行路线，从而让接球同伴在最有利的时间阶段与空间位置得到球，或者是避开防守队员的防守将球送入球门的死角；运球时，特别是在高速奔跑过程中连续快速地推送球动作轻柔细腻，能够将球紧紧地控制在自己的脚下，好像粘在脚背上一样。在快速运球变向中的一扣一拨的扣球角度与扣球距离掌握得恰到好处，连接动作合理快速，没有一点多余动作。在接球时，无论有对抗或没有对抗，都是习惯性地将球一次接到位，在距离与角度上恰到好处，不需要再进行二次调整便可直接传出或射出。

四、适应对抗

优秀职业足球运动员的技术能力之所以表现出特别能够适应高水平的对抗，其主要原因有2点：（1）他们的技术动作完成方法都是优势/先进动作方法。如“后撤式”的接球和“弹踢式”的传球动作或射门动作，以及“小腿后撤”式的接球技术动作，这些动作方法都是以小腿和踝关节发力为主，动作幅度小，动作频率快是共同的基本特点，也都具有良好的对抗适应性。（2）他们具有高度的技术动作熟练性，并且在快速运动和对抗状态下也不变形，不走样。

五、变化灵活

优秀职业足球运动员的技术能力之所以表现出变化灵活的特点，其主要原因是他们都具备以下基本技能：（1）完成技术动作规范、精细和控制能力强；（2）技术全面，熟练快速完成技术动作的能力强；（3）完成技术动作合理多变，对抗能力强；（4）战术意识全面，攻守配合默契；（5）观察能力强，决策速度快；（6）身体素质全面，训练水平高，体能充沛；（7）心理承受能力强，水平发挥稳定；（8）比赛作风良好，团队意识强。

第三章
足球基本技术动作概念、作用、特点、动作要领

一、足球基本技术动作分类

足球运动中的技术动作分类，每个人都会根据自己的实际需要及足球比赛中的实际情况，按照不同的分类依据分为不同的类别。如传统的分类将足球技术分为有球技术与无球技术两大类。其中有球技术又分为踢球、接球、运球、假动作、头顶球、掷界外球、抢球、颠球及守门员技术共九种；无球技术动作分为无球假动作、各种急停、转身、变向、突然起动、加速等步法与身体动作。

对足球运动中的技术进行合理有序的细化分类，有助于人们对足球运动技术的深入认识与剖析，也有助于在足球技术教学与训练中更加有针对性地进行教学与训练方法手段的选择与使用，以提高技术教学与训练的质量和效率。因此，足球技术分类还可从以下诸多不同的、较为宏观的因素方面进行考虑。

如果按照触球时运动员的身体肢体环节来分，可分为脚部触球技术动作、腿部触球技术动作、躯干触球技术动作、头部触球技术动作及手臂（掷界外球）技术动作。

如果按照进攻与防守意图来分，可分为进攻技术（传球技术、运球及运球过人技术、射门技术等）与防守技术（抢球技术、铲球技术等）。

如果按照完成动作时的单元组合情况来分，可分为单个技术动作和组合技术动作。组合技术动作中又可以包括二元组合技术（如接—传组合动作、接—射组合动作）和三元组合技术（如接—运—传、接—运—射组合动作）等。

如果按照训练和比赛的角度来分，可将足球技术分为基本技术（如各种无对抗下非比赛

情况下练习与使用的技术）与实战技术（如各种对抗下与比赛情况下练习与使用的技术）。

如果按照触球者在比赛中触球时的目的来分，可将足球技术分为接球（包括头球接球）、运球及运球过人、传球（包括头球传球）、射门（包括头球射门）、解围/破坏（包括头球解围与破坏）、抢球等技术。

如果按照运动员在比赛中的位置职责的核心功能所需来分，可分为位置一般技术与位置特长技术（包括前锋、前卫、守门员技术）。

如果按照球在空间的位置状态来分，可分为控制空中球技术与控制地面球技术及空间与地面相结合的控制球技术（控制反弹球技术）。

足球运动中的技术分类除上述分类外，还有其他一些分类方法。

二、踢球基本技术动作概念与动作要点

（一）踢　球

1. 踢球技术的概念

踢球技术是指踢球者有意识地用脚的某一部位将球踢出去的动作方法总称。

2. 踢球技术的作用

踢球技术动作在比赛中主要用于传球、射门、防守中的解围或大脚破坏等战术行动中。

3. 踢球技术的方法

足球比赛中运动员踢球的方法主要有脚背正面、脚背内侧、脚背外侧、脚内侧4种，脚尖与脚跟踢球方法使用相对较少。

4. 踢球技术的特点

（1）一个完整的踢球技术动作方法一般由5个动作环节组成。这5个环节按照踢球动作完成过程的先后分为助跑、支撑脚站位、踢球腿摆动、脚触球、触球后的前随。

（2）不同的踢球技术方法，其脚触球动作环节在完成过程都有一些不同的变化。

（3）不同的踢球技术方法，在比赛中的使用特点也有所差异。如短传和中短距离的传球多用脚内侧踢球技术，中长距离的传球多用脚背内侧技术，射门特别是中远距离的射门多用脚背正面、脚背外侧和脚背内侧踢球技术。踢角球和踢“香蕉球”也多用脚背内侧踢球技术。

（二）踢球技术动作环节分析

1. 助跑

（1）助跑的概念

助跑是指踢球前的最后几步跑动。

（2）助跑的作用

① 调节人与球的位置关系。

② 为增加踢球时的力量提供能量基础。

③ 为增加踢球腿大腿后摆的幅度与速度提供有利条件。

（3）助跑的方式

① 直线助跑：助跑方向正对出球目标。如脚内侧（脚弓）踢球技术动作、脚背正面（正脚背）踢球技术动作、脚背外侧（外脚背）踢球技术动作。（图3-1）

② 斜线助跑：助跑方向侧对出球目标。斜线助跑的路线与出球目标和球体之间的连线的夹角一般在45°之内。如脚背内侧（里脚背）踢球动作。（图3-2）

（4）助跑的特点

① 跑动速度由慢渐快。

② 跑动步幅由小到大。

③ 最后一步跨步时脚掌要贴近地面快速积极向前跨出，支撑脚落地时要由后向前滚动式着地。

图3-1　直线助跑方式

图3-2　斜线助跑方式

2. 支撑脚站位

（1）支撑脚站位概念

支撑脚站位是指踢球者在踢球前由非触球脚支撑身体重心站在球的侧面的动作环节。

（2）支撑脚站位的作用

① 为触球脚在正确的空间位置触击球提供适宜的身体位置基础。

② 为踢球腿正确快速地摆动发力提供有利和稳定的支撑条件。

③ 为完成触球动作提供稳定的身体重心和身体平稳状态。

（3）支撑脚站位的方式

支撑脚站位方式分为直线助跑状态下的支撑站位与斜线助跑状态下的支撑站位。

（4）支撑脚站位的落地特点

① 直线助跑落地时，支撑脚以脚后跟先着地，滚动式由脚后跟过渡到全脚掌，屈膝支撑身体重心。

② 斜线助跑落地时，支撑脚以脚后跟外侧先着地，由后外侧向内前侧过渡到全脚掌，屈膝支撑身体重心。

③ 无论直线或斜线助跑，支撑脚落地站位时的脚尖都要朝着出球方向。

（5）支撑脚站位的空间位置

支撑脚落地的位置应从支撑脚与球的前后位置关系和支撑脚与球的左右位置关系两个方面考虑。

（6）支撑脚与球的前后位置关系

一般应保持在脚触球的瞬间处于支撑脚的脚尖与球的前沿保持平齐的状态。因此，在踢活动球时，要根据球的运行速度快慢来选择支撑脚落地的“提前量”。而在用脚背侧踢“香蕉球”时，支撑脚的脚尖还要适度超过球的前缘2～3cm或者更多一点。

如果支撑脚落地时的位置需要适度靠后一些，一般支撑脚的脚尖位置也不宜落后到球的中心横线之后。以往一些足球教材和专业书籍中提到的当支撑脚站在球的侧后方时，支撑脚应站在球的侧后方25cm左右的位置的观点是不当的。

（7）支撑脚与球的左右位置关系

一般应保持在脚触球的瞬间处于支撑脚的内侧沿与球的外侧沿保持在10～20cm的距离。一般以踢球者自己的一只脚的横宽距离为适宜参考距离。左右距离太窄或者太宽都不利于踢球者的最后击球动作的完成。骨盆宽的人，可以适度增加支撑脚内侧沿与球的外侧沿之间的距离，但一般不应超过25cm。

（8）支撑脚支撑时的身体状态

直线助跑落地时（脚内侧、脚背正面、脚背外侧踢直线球助跑时），支撑腿保持屈踝、屈膝、屈髋，双肩平行略下扣，支撑脚同侧的上肢后摆，踢球脚同侧的上肢前摆，身体正面基本朝着出球目标方向，头略低，眼睛注视球体。斜线助跑落地时（脚背内侧踢球），其他方面基本保持相同，但两肩的位置不是平行的，支撑脚同侧肩膀的位置在前并稍向球体一侧“内扣”，踢球脚一侧的肩膀稍向后转。（图3-3）

图3-3 直线助跑与斜线助跑支撑脚落地的图示

3. 踢球腿的摆动

（1）踢球腿的摆动概念

踢球腿的摆动是指踢球者在脚触球前触球脚同侧大小腿向后预摆与向前加速摆动的动作环节。

（2）踢球腿的摆动作用

① 增加踢球腿的摆动幅度和速度。

② 增加踢球时脚触球的力量。

③ 控制出球的基本方向。

（3）踢球腿的摆动方式

① 直线助跑时的大腿带动小腿由后向前的正直摆动，踢球腿的后摆与前摆的轨迹与出球目标成直线。如脚背正面踢球与脚背外侧踢直线球。

② 斜线助跑时的大腿带动小腿由后向前弧线摆动，踢球腿的后摆与前摆的轨迹与出球目标成曲线。如脚背内侧踢球。

③ 当踢球腿膝关节摆动接近球的垂直上方时小腿做爆发式前摆。如脚背正面、脚背外侧踢直线球。

④ 当踢球腿膝关节摆动接近球的内侧垂直上方时小腿做爆发式前摆。如脚背内侧踢球。

⑤ 当踢球腿膝关节摆动接近球时，踢球腿髋关节外展，大腿旋外带动膝关节内侧向前，小腿做加速前摆。如脚内侧踢球。

⑥ 踢球腿摆动方向朝支撑脚一侧摆动，与出球方向形成一个夹角。如脚背外侧踢弧线球。

在上述的几个不同踢球动作的摆腿方式中（图3-4），又可根据摆动腿发力的特点分为以大腿摆动发力为主的“摆踢式发力”和以小腿摆动发力为主的“弹踢式发力”。

所谓“摆踢式发力”是在踢球腿摆动发力时，主要以髋关节为轴的大腿发力，小腿向后折叠不紧，踢球时以大腿向前向上摆动为主。此动作虽然在无防守、慢速状态下可以完成，并且踢球力量较大，但其摆动幅度大，速度慢，外观感觉笨拙，快速对抗情况下的适应性低，不应提倡在比赛中过多施用。

所谓“弹踢式发力”是在踢球腿摆动发力时，主要以膝关节为轴小腿充分后摆，大小腿折叠紧密，并保持这种状态向前摆动到膝关节处于球的垂直上方或内侧上方附近时，大腿前摆动作制动（膝关节明显没有继续向前向上的摆动），而此时小腿以爆发式由后向前摆动击球。这种摆动方式大腿摆动幅度小，小腿摆动速度快，隐蔽性强，外观感觉灵巧，在快速对抗状态下的适应性好，因此比赛中的传球与射门动作应以这种发力方式为主。

图3-4　各种踢球腿摆动的方式示意图

（4）踢球腿的摆动特点

① 大腿后摆与前摆的起始时间都先于小腿的后摆与前摆。

② 大腿后摆的幅度与速度取决于最后一步助跑时支撑脚向前迈步的幅度与速度。

③ 踢球腿小腿的后摆幅度，取决于踢球腿在支撑脚落地支撑时踢球腿小腿的主动后摆幅度，即小腿向大腿靠近的程度，踢球腿小腿后摆的速度取决于小腿向后折叠的速度。

④ 脚内侧踢球、脚背正面踢球、脚背内侧踢球，脚背外侧踢弧线球这几种踢球动作中的摆腿环节的摆动轨迹各不相同，但当踢球腿膝关节摆动接近球的正上方或内侧上方时它们都有小腿发力加速向前摆动的特点。

⑤ 在脚触球过程中（以踢定位球为例），保持触球脚在支撑脚的脚弓至脚尖的这一段距离内触球脚是平行于地面向前摆动的，且触球脚的脚尖应紧贴地面前行。

⑥ 由于脚触球时踝关节要求处于紧张固定状态，因此踢球腿的膝关节摆动方向与角度对于出球的方向与轨迹控制有重要的作用。

4. 脚触球

（1）脚触球的概念

脚触球是指踢球者以脚的某一部位触击球将球踢出的动作环节。

（2）脚触球的作用

将踢球者助跑、摆腿等环节获得的能量传递到球体上，保证踢出球的质量（速度、力量、方向、轨迹、落点等）较高。

（3）脚触球的部位

脚触球的部位包括脚的部位与球的部位两个方面。（图3-5）

脚的部位有：① 脚内侧触球。所谓脚内侧部位是指由大拇指的第一跖趾关节、第一楔骨、足舟骨、踝关节内侧、跟骨内侧构成的脚的内侧平面。② 脚背内侧触球。所谓脚背内侧部位是指由第一、第二跖骨体及跖趾关节、第一楔骨部位构成的平面。③ 脚背正面触球。所谓脚背正面是指由第一、第二、第三跖骨体及跖趾关节，第一、第二、第三楔骨部位构成的平面。④ 脚背外侧触球。所谓脚背外侧是指由第三、第四、第五跖骨体及跖趾关节、骰骨部位构成的平面。

球的部位有：中后部、后下部、上部、外侧中部、外侧中上部、内侧中部、内侧中上部、前部等。

图3-5 不同触球部位的示意图

（4）脚触球的方式

足球比赛中运动员用脚触击球的方式常常有摆踢、弹踢、抽踢、推踢、敲踢等。

①摆　踢

摆踢是摆腿踢球动作以髋关节为轴，大腿发力为主，大腿前摆明显，前随动作大，踢球力量大，多用于大力射门、传球等。

②弹　踢

弹踢是摆腿踢球动作以膝关节为轴，小腿快速伸缩发力为主，击球动作短促快捷，大腿前随动作小。多用于快速跑动状态下的踢反弹球射门和传球及直接踢地滚球等。

③抽　踢

抽踢是踢球腿在前摆击球时大腿向上提拉动作明显，小腿前摆停滞，踝关节保持紧张状。踢球的作用力从球的中心横线的上方而过，使球产生向前向上的强烈自转，球在向前运行的空中会改变运行轨迹突然下落，即所谓的“落叶球”。踢空中球时常常采用此方法，如抽射凌空球等。

④推　踢

推踢是指踢球腿向前摆动击球时，踢球腿小腿不再明显向前摆动，而是以支撑脚蹬地送髋和踢球腿膝关节水平向前推移的摆动击球方法。常常是在球离踢球者身体较远，踢球者为抢点踢到球又要保证不将球踢高时采用。如抢点踢反弹球射门时。

⑤敲　踢

敲踢是指踢球者在脚击球时，踢球腿摆动幅度较小而速度较快，触球时间短促，触球脚击球后有明显的滞停或回撤动作的触击球方法。常常在直接射门或传球配合时运用。

（5）脚触球的特点

① 脚触球时触球脚踝关节均要求处于适度紧张固定状态。

② 脚的不同部位触球时，脚形控制不同。脚内侧触球时，触球脚尖方向处于向外与出球方向基本成垂直，脚掌与地面保持平行的状态；脚背内侧触球时，触球脚尖方向处于向外向下与出球方向成夹角，脚背绷紧固定的状态；脚背正面触球时，触球脚尖方向处于用力向下保持与地面垂直的紧张固定状态；脚背外侧触球时，触球脚尖方向处于朝内向下。

③ 脚触到球体的部位不同时，球的飞行轨迹、速度、方向、力量会发生较大的变化。要将球踢得高远，应触击球的中下部位；要将球踢得平直或低平，应触击球的中后部；要将球踢出侧弧线球，应触击球的后外侧或后内侧。

④ 对脚触球环节的认识要包括脚的部位和球的部位两个方面，同时还包括踝关节紧张固定的因素在内。

5. 触球后的前随

（1）触球后的前随概念

触球后的前随是指踢球者将球踢出后，踢球腿仍然会向前摆动，踢球者的身体重心也会随之向前跟随的动作过程。

（2）触球后的前随作用

① 维持身体重心的平稳和踢球技术动作的协调。

② 为下一个技术战术动作的完成提供帮助。

（3）触球后前随的方式

① 为加大触击球的力量有明显身体前随的方式。

② 为防止碰撞受伤或遇阻而无明显身体前随的方式。

（4）触球后的前随特点

① 触球后的前随速度与助跑速度并不一致，一般都要慢于助跑的速度。

② 触球后的前随动作幅度大小与触球时的用力大小有直接关系。触球用力大时，前随幅度一般较大，触球用力小时，前随动作一般较小或者基本没有。

③ 当踢球者以脚触击球时，为避开可能与对方队员发生猛烈相撞或者其他可能造成损伤的接触时，踢球者会明显控制前随动作的幅度、速度与方向。

（三）踢球主要动作方法

1. 脚内侧踢球

（1）脚内侧踢定位球

① 脚内侧踢定位球的基本动作要领

直线助跑，最后一步要大，支撑脚向前跨步支撑时，脚掌要稍离地面快速积极落地支撑。落地时以脚后跟先落地，滚动式向前过渡到全脚掌支撑。支撑脚脚尖要正对出球方向。支撑腿膝关节要适当弯曲以保持身体重心的稳定。支撑脚与球的前后距离以支撑脚的脚尖与球的前沿保持平齐为准，支撑脚与球的左右距离以支撑脚的内侧沿与球的外侧沿保持在10～15cm为适宜。在支撑脚落地的同时，踢球腿大小腿折叠靠拢（在大腿后伸状态下），以大腿带动小腿由后向前摆动，在前摆过程中，大腿向外旋转带动膝关节向外侧移动，使踢球脚的内侧正对出球方向，小腿加速前摆，踝关节保持适当紧张，使脚掌与地面保持平行，并保持这种脚形，用脚内侧，即脚弓上方部位触球的正中后部，将球踢出。（图3-6）

图3-6 脚内侧踢定位球

② 易犯错误与纠正方法

● 易犯错误一：支撑脚落地方式不正确，常常形成跳步落地。原因是最后一步助跑的距离过小，初学者往往会在这种情况下形成跳步落地支撑。

纠正方法：加大助跑最后一步的跨步距离。将球放在距离踢球者一大步的位置，让踢球者练习最后一步的跨步支撑动作。

要求：跨步要大而快速，支撑脚掌紧贴地面向前移动。落地后支撑腿要屈曲保持正确的支撑状态。左右脚均要练习。

● 易犯错误二：支撑脚落地方式不正确，常常形成前脚掌先着地，脚后跟后着地。原因是初学者平常跑步时前脚掌先落地的习惯造成支撑时也是前脚掌先着地。

纠正方法：将球放在距离踢球者身前一大步的位置，让踢球者由慢渐快地上步支撑，在支撑脚落地时提示抬脚尖（勾脚尖），以使前脚掌抬起脚后跟先着地形成滚动落地支撑。直到最后使初学者习惯于滚动式落地支撑的动作为止。

要求：跨步要大而快速，支撑脚尖要上翘（勾脚尖），脚跟紧贴地面向前移动并滚动式落地，支撑脚落地后支撑腿膝关节要屈曲保持正确的支撑状态。左右脚均要练习。

● 易犯错误三：支撑脚落地方式不正确，常常是直腿支撑。原因常为初学者在平常的走步或跑步过程中有一个自然的蹬地伸膝伸髋动作。

纠正方法：将球放在距离踢球者身前一大步的位置，让踢球者以“半蹲”姿势踢球。

要求：踢球时向下蹲，并要保持身体的重心稳定。左右脚均要练习。

易犯错误四：支撑脚落地的位置不正确。在初学者中这种错误是最常见的一种。原因是不习惯。另外对正确的支撑位置没有准确的目测，支撑腿的本体感觉不正确。

纠正方法1：将球放在距离踢球者身前一大步的位置，用标识线将正确的支撑位置标记出来，让踢球者的支撑脚必须落在这个标记区域，并且要保持踢球腿后摆时踢球动作姿势。

要求：左右脚均要练习，保持支撑状态正确、身体重心稳定。

纠正方法2：将多个球随意距离间隔地放在罚球区内（中圈内），让踢球者在慢跑中练习上步支撑动作。

要求：每次支撑后要保持自己的身体重心稳定，并检查支撑脚的位置是否正确。练习一段时间后可逐渐加快跑动的速度以提高练习的难度。左右脚均要练习。

● 易犯错误五：直腿踢球，出球无力。原因是初学者踢球时不注意小腿的后摆动作，往往只注意大腿的用力。

纠正方法1：原地徒手模仿练习踢球腿的摆动动作。

要求：踢球腿小腿后摆时要将触球脚的脚跟触到自己的臀部。左右脚均要练习。

纠正方法2：“半蹲”踢定位球。令运动员踢球时呈“半蹲”状态，传球距离15m。

要求：踢球时支撑腿膝关节加大弯屈使身体形成“半蹲”姿势，踢球脚触球时脚跟用力向前推出。左右脚均要练习。

纠正方法3：大力传球。两人一组或多人一组，两组距离间隔20~25m，对传。

要求：加大踢球的力量，迫使踢球者增加踢球腿小腿的后摆幅度与向前摆动的速度。左右脚均要练习。

● 易犯错误六：脚掌内翻、踢球时脚形不固定，出球无力。原因是初学者本体感觉不精确。摆腿动作不正确。

纠正方法1：原地站立呈踢球状态，支撑腿屈膝支撑身体重心保持身体的稳定。踢球脚位于触球位置。听教练的口令依次“紧张”和“放松”。听到“紧张”口令时，踝关节立刻形成正确的触球脚形并保持不变维持几秒钟，听到“放松”口令时，踝关节立刻放松调整。

要求：不断反复交替练习。练习时要保持正确的支撑腿的站位姿态。决不能形成直腿支撑状态。左右脚均要练习。

纠正方法2：“勾脚尖踢球”。两人一球，距离15m左右，踢定位球。

要求：强调触球前的勾脚尖动作，左右脚均要练习。支撑脚的位置与支撑姿势要正确。

● 易犯错误七：踢球时无支撑或支撑无力。原因是平时在走与跑动中左右脚周期交替动作的自然习惯使得支撑过程太短。

纠正方法：踢球脚踢球后不允许落地，也可以要求踢球脚在空中保持2s后再落地。

要求：练习时踢球脚触球后不得落地，踢球的距离逐渐加大，动作逐渐加快，左右脚均要练习。

● 易犯错误八：在踢活动球时，支撑脚的支撑位置往往不正确。原因是初学者对踢球腿摆腿踢球的时间与球滚动的时间缺少正确的计算或根本就没有计算。

纠正方法1：超越支撑。对向前滚动的球，支撑脚脚尖要超过球前沿适当距离。

纠正方法2：退让支撑。对迎面滚动的来球，支撑脚脚尖要向回退让适当距离。

纠正方法3：靠近支撑。对两侧滚动的球，从支撑脚方向的来球，支撑脚站位时脚的内侧沿要紧靠球的外侧沿。

纠正方法4：快速支撑。对从踢球脚一侧滚动过来的球，支撑脚站位时要比平时支撑落地动作更加快速，以保证踢球脚在正确的位置触到球。

要求：上述几种纠正方法中支撑脚位置的选择，都要根据球的滚动速度来确定。球速快则支撑脚落地位置的“提前量”大，反之则小。并要保证在脚触到球时支撑脚的位置和状态是正确适当的。

● 易犯错误九：踢空中球时触球时机与部位不正确。原因是初学者踢球腿在空中的本体感觉不正确，身体重心支撑不稳定。

纠正方法1：踢球脚上举练习。两人一组，一人双手持球站在踢球者身体侧面，将球移动在踢球者的髋腰部不同的高度和位置上，踢球者则快速举腿用脚内侧部位正对球。触球后将脚放下，然后快速进行第二次练习。

要求：触球脚的上举触球部位要正确，支撑腿状态要正确，身体重心要保持平稳。左右脚均要练习。练习一段时间后两人交换位置。持球人要快速地改变球的位置与高度，以使踢球者能够体会球在不同高度和距离时踢球腿在空中完成动作的感觉。

纠正方法2：快速脚触踢球练习。三人一组，两人双手持球分别站在踢球者身体的两侧，将球保持在踢球者髋腰部的不同高度与位置上，踢球者用左右脚内侧触球。

要求：触球脚的上举触踢球与下放还原速度要快速并有节奏，脚步移动要快速协调。脚触踢球力量要小，但触球部位要正确，支撑腿状态要正确，身体重心要保持平稳。练习一段时间后3名队员依次交换位置。

纠正方法3：快速改变踢球节奏。多人一组，在中圈线上均匀站立，每人手持一球。中间有一名或两名队员。练习时，在中圈线上的队员依次向圈内的队员抛出不同弧度的空中球，圈内的踢球队员则根据来球的弧度与速度正确将球回传给传球的队员。

要求：回传球要平稳准确。抛球队员抛出的球要有变化，让踢球队员不断地改变动作的节奏与位置状态。左右脚均要练习。每个队员都要进行练习。

（2）脚内侧踢空中球

眼睛注视来球，并根据来球速度、运行轨迹，以及脚击球的预想空间位置的判断，主动控制好身体运动状态、稳定好身体重心、调整好身体姿势，及时移动到位。踢球前，踢球腿大腿抬起（屈）并外展，小腿屈膝后摆，当球运行到体前适当位置时，大腿带动小腿向击球方向摆动，小腿由向后屈膝状态变为向前伸的状态加速向出球方向摆动，脚内侧正对来球，踝关节适当紧张保持脚形固定，当触球脚摆至额状面时以脚内侧击球的中部。（图3-7）

图3-7 脚内侧踢空中球示意图

（3）脚内侧踢反弹球

眼睛注视来球，并根据来球速度、运行轨迹、第一落点的位置和反弹角度，选择好脚击球的预想空间位置，在此判断基础上，主动控制好身体运动状态、稳定好身体重心、调整好身体姿势，及时移动到位。其他动作环节与脚内侧踢定位球基本相同，但要强调的是脚触球的时机一定是在球落地反弹瞬间击球，水平用力将球向目标方向击出。（图3–8）

图3–8　脚内侧踢反弹球示意图

（4）如何控制踢出球的高度

要想使脚内侧踢出地滚球，其主要方法是（以踢定位球为例）：① 脚触球时的空间位置要在支撑脚的脚弓至脚尖之间；② 脚触到球的中部；③ 向出球方向水平用力；④ 在踢活动来球时，根据出球方向和来球状态（速度、高度、方向和角度等）参照前3条适当调整用力方向与力度及触球的空间位置。

要想使脚内侧踢出空中球，其主要方法是（以踢定位球为例）：① 脚触球时的空间位置在支撑脚脚尖之前较好；② 脚触到球的下部；③ 向出球目标方向的斜上方用力；④ 踢球时身体适当向后仰。

2. 脚背正面踢球

（1）脚背正面踢定位球

① 脚背正面踢定位球动作要领

直线助跑，最后一步要大一些，成跨步，支撑脚要积极跨步落地，以脚后跟先着地形成滚动式着地支撑，支撑脚脚尖要正对出球方向。支撑脚的位置是左右距离为支撑脚的内侧沿与球的外侧沿距离在10~15cm，一般不应超过20cm。前后距离以支撑脚的脚尖与球的前沿保持平齐为好，过前或过后都会影响踢球的效果。在支撑脚落地支撑的同时，踢球腿大腿带动小腿（大小腿折叠紧状态）由后向前摆，当膝关节摆到球的上方的瞬间，大腿制动减速，而小腿爆发式突然加速前摆，以脚背正面部位踢球的中后部位。踢球后自然向前跟，保持身体重心的平稳。（图3-9）

图3-9 脚背正面踢定位球示意图

② 易犯错误与纠正方法

● 易犯错误一：支撑脚位置不正确。常见的是支撑脚脚尖位置落在球的前沿延长线之后，有时甚至在球的后沿长线之后。在左右距离上常见的是支撑脚与球的外侧沿靠得太近。原因主要是不习惯这种动作，对支撑落地的本体感觉控制不精确。

纠正方法1：跑动中支撑模仿练习。在场地上随意放一些球、圆帽或其他标志物，让运动员在慢跑中练习上步支撑动作。每到一个标志物处就做一个上步支撑练习。

要求：支撑动作与姿势要正确，并要保持一段时间，在检查自己的支撑位置是否正确之后进行下一次练习。左右脚均要练习。跑动速度要有快慢变化。

纠正方法2：上步支撑踢球练习。将球放在身前一大步的距离，并将正确的支撑位置标记出来，然后让队员练习上步支撑踢球动作。

要求：支撑动作与姿势要正确，左右脚均要练习。上步的速度要逐渐加快。踢球时保持正确的触球脚形与正确的触球部位。

● 易犯错误二：摆腿方向不正。往往向支撑脚一侧摆动。原因是踢球腿摆动动作的本体感觉控制不好。

纠正方法1：踢球踩线（点）。将球放在一大步距离位置，以球心为基点向出球方向画一条直线或标记点，距离在50cm左右，踢球脚踢球后要踩在此线上或此点上。

要求：支撑位置与姿势要正确。踢球脚落地要自然，协调。左右脚均要练习。

纠正方法2："过点踢球"。将球放在距离自己一大步的位置上，以球为中点，在球后10cm和球前10cm处各标一个点，形成三点一线，并与出球方向保持一致。踢球时踢球腿要经这三点摆动。

要求：支撑位置与姿势要正确。踢球腿的摆动速度逐渐加快，左右脚均要练习。

● 易犯错误三：小腿后摆腿不充分，形成直腿踢球。原因是没有小腿主动后摆的本体感觉控制。

纠正方法1：原地模仿摆腿练习。队员成正确支撑状态，踢球腿膝关节保持触球前的状态固定不动，练习小腿后摆与加速前摆动作。

要求：小腿要主动后摆，最好使脚后跟触及自己的臀部，加速前摆时，膝关节不能向前抬和移动，脚背要绷紧固定，脚尖要紧贴着地面向前摆动。左右脚均要练习。

纠正方法2：原地踢球练习。将球放在原地，支撑脚正确支撑，踢球腿膝关节保持在球的垂直上方固定不动，踢球腿小腿充分后摆然后发力前摆踢球。

要求：支撑位置与姿势要正确。踢球腿膝关节位置要保持在正确位置并固定不动，踢球腿小腿后摆要充分，前摆发力要快速突然。触球时脚形要正确。左右脚均要练习。

● 易犯错误四：踢球脚触球部位与脚形不正确。常常是踢球脚的脚内侧上翻（踝关节旋外）。绷脚背是由于脚掌底部肌肉力量不平衡，屈大拇脚趾的肌肉力量小于屈其他4个脚趾的肌肉力量及踝关节关节面。

纠正方法1：“芭蕾提踵练习”。原地站立，双脚平行，脚尖略向内扣，脚跟略向外。提踵，脚背绷直，使身体的重量落在两大拇脚趾上，维持3~5s还原。每组重复练习10~15次，根据队员情况可以多练几组。

要求：提踵时两腿要保持直立，膝关节不能屈。全身重量要完全落在两个大拇脚趾上并要保持脚背正直。练习一组后要进行小腿及踝关节用力肌肉的拉长、放松练习。

纠正方法2：绷大拇脚趾练习。队员听教练员口令后，在绷脚背的同时用力绷紧大拇脚趾（大拇脚趾用力向前下方扣鞋底），而其他四趾不十分用力绷紧。反复练习以提高大拇脚趾随意控制的灵活性。

要求：支撑位置与姿势要正确。绷脚背以绷大拇脚趾为主要用力过程。要保持在踢球脚触球时的动作姿态练习，左右脚均要练习。

纠正方法3：原地体会触球部位练习。将球放在原地，支撑脚正确支撑，然后用脚背正面触击球的中后部。体会正确的触球部位与脚形控制动作感觉。

要求：支撑脚位置与姿势要正确。脚触球时踢球腿的膝关节位置要正确，脚形要正直且脚背要绷紧，脚尖要紧贴地皮。

纠正方法4：原地踢目标练习。正前方15m处画一目标点或区域让踢球队员将球踢向此区域或目标点。

要求：支撑位置与姿势要正确。脚形要正直，踢球脚踝关节适当向内扣。争取每次都将球踢到目标点上或区域内。左右脚均要练习。

● 易犯错误五：脚形不固定，击球无力。原因是怕脚尖触地，不敢绷脚背。

纠正方法1：原地体会触球部位练习。将球放在原地，支撑脚正确支撑，然后用踢球脚背正面触击球的中后部。体会正确的触球部位与脚形控制动作感觉。

要求：支撑脚位置与姿势要正确。脚触球时踢球腿的膝关节位置要正确，脚形要正直且脚背要绷紧，脚尖要紧刮地面。

纠正方法2：踢凌空球练习。面对球墙（或两人一组对传，距离可远可近），双手持球，将球落下，然后用脚背正面踢凌空球。

要求：脚背要绷紧，脚形要正直。踢出球的高度逐渐向下降低。最后降到膝部以下为好。左右脚均要练习。中小力量踢球。

纠正方法3：踢反弹球练习。面对球墙（或两人一组对传，距离可远可近），双手持球，将球落下，然后用脚背正面踢反弹球。

要求：中小力量踢球。支撑位置与姿势要正确。脚背要绷紧，脚形要正直。以踢出球的高度不超过膝部为好。左右脚均要练习。

● 易犯错误六：踢空中球时摆腿时机过早或过晚，造成漏踢。原因是对来球速度判断不当。

纠正方法1：快速回敲练习。6～8人一组，每人一个球，在一20×20m的限制区域内，一人在场地中央，其他队员在四周，向中间队员掷弧度与速度不同的界外球，中间的队员则根据自己的判断快速抬脚，将球回敲给掷球的队员。

要求：掷出球的落点与速度要不断变化。踢球队员判断要准确，抬脚要快速及时。触球部位要正确。小力量踢球，左右脚均要练习。队员依次交换练习。

纠正方法2：6~8人一组，一个球门，一名守门员。练习时，一人在罚球区门前射门。其他队员在罚球区外两侧给射门队员传出不同速度和高度的球，射门队员快速完成射门练习。

要求：传出的球速要有快有慢，落点和弧度要有变化。射门队员要准确判断，抬腿动作要快速协调。争取每次都能正确触球，中等力量踢球。要左右脚练习，各队员依次练习。

● 易犯错误七：侧身踢空中球时支撑脚脚尖没有指向出球方向，限制了身体的扭转。原因是没有经过这样的练习，主观上没有形成支撑脚脚尖方向要尽量指向出球方向的意识。

纠正方法1：上步支撑练习。三人一组，两人分别双手持球站在踢球者两侧约2m的距离，将球置于踢球者的腰部高度。踢球者跨步支撑用脚背正面触击球。然后快速回位，向另一侧做跨步支撑脚背触击球练习。

要求：支撑脚脚尖要指向出球方向，支撑位置与姿势要正确。脚触击球部位要正确，小力量触球。左右脚均要练习，上步支撑速度逐渐加快。3名队员依次交换练习。

纠正方法2：上步支撑踢球练习。两人一组。面对球墙，距离5~8m。一人从踢球者身侧双手抛传球给踢球队员，踢球队员根据来球，准确判断，上步支撑将球踢向球墙。然后快速将反弹回来的球回传给抛球的队员。不断反复练习。

要求：踢球者支撑脚脚尖要指向出球方向，支撑位置与姿势要正确。踢球力量要小，左右脚均要练习。抛球队员抛出的球要有速度与落点的变化。两人依次交换练习。

● 易犯错误八：侧身踢空中球时上体倾斜不够，抬腿高度不够，将球向斜上方踢出。原因是踢球腿大腿在髋关节的柔韧性不够，限制大腿在髋关节处不能自如外展高抬到水平位置或更高位置，造成小腿由下向上摆腿将球踢高，应是大腿在髋关节处保持水平位置，且大小腿保持折叠状态下小腿由后水平摆动将球踢出。

纠正方法1：横劈腿柔韧性练习，以使踢球者髋关节的水平外展动作幅度加大。

要求：侧压腿练习时要逐渐加大动作幅度，防止拉伤。左右侧髋关节柔韧性练习都要进行。

纠正方法2：侧身踢高球练习。两人一组，距离2m左右。一人双手持球置于踢球者身体侧面的腰肩部高度。踢球者练习侧身踢球。

要求：支撑位置与姿势要正确。支撑脚同侧肩要向前下方倾斜，以使踢球脚能够抬得更高。触球脚形与部位要正确。左右脚均要练习，两人依次交换练习。

● 易犯错误九：搓过顶球时脚尖未插进球的底部，造成击球部位不正确。原因是支撑脚位置不当及踢球脚的脚形变化控制不当。

纠正方法：原地搓球练习。两人一组，距离15m左右。踢球者支撑脚站位要稍靠前一点，使支撑脚的脚尖超过球的前沿的延长线。然后，踢球时踢球脚脚掌与地面保持基本平行的状态，但踝关节与脚趾要紧张固定，保持这种固定状态，将脚尖向球的中下部搓击，使球向前上方飞出。

要求：踢球时要保持正确的脚形不变。要击球的中后下方。踢球主要靠小腿发力而不能用大腿发力。左右脚均要练习。

（2）脚背正面踢空中球

①脚背正面踢侧面凌空球

眼睛注视来球，根据来球速度及运行轨迹，选好击球点，身体侧对出球方向，支撑脚屈膝稳定支撑身体重心，脚尖指向出球方向，身体略向支撑脚一侧倾斜展腹，踢球腿大腿水平外展（水平伸）并抬起，使踢球腿成大腿伸小腿屈状态，在球运行到体前适当距离时，大腿带动小腿由后向前朝目标方向水平摆动，当大腿摆至与击球点成一直线时，小腿做爆发式摆动，在体前适当高度位置（一般在膝以上，髋以下高度位置较多）用脚背正面击球的中部，同时身体向出球方向扭转，击球后踢球脚随球前摆着地以维持身体平衡。（图3-10）

图3-10　脚背正面踢侧面凌空球示意图

②脚背正面踢倒勾球

眼睛注视来球，并根据球的速度、运行轨迹，以及脚击球的预想空间位置的判断，主动控制好身体运动状态、稳定好身体重心、调整好身体姿势，及时移动到位。支撑脚的位置一般应在距击球点约一步距离的侧后方，支撑腿膝关节微屈，上体后仰，踢球腿以髋关节为轴，大腿带动小腿向上并向后方摆动，当球落到身体前上方适当高度时，用脚背正面击球后部，将球向身后踢出。（图3-11）

图3-11　脚背正面踢倒勾球示意图

③脚背正面凌空踢倒勾球

眼睛注视来球，并根据球的速度、运行轨迹，以及脚击球的预想空间位置的判断，主动控制好身体运动状态、稳定好身体重心、调整好身体姿势，及时移动到位。踢球前，以踢球腿为起跳腿蹬地起跳，同时另一腿上摆，身体后仰腾空，眼睛注视来球，蹬地腿离地后迅速上摆，另一腿则向下摆动（以相向运动来保证身体在空中的平衡），以脚背正面击球的后部将球向身后目标方向踢出。踢球后，两臂微屈，掌心向下，手指尖与出球方向相反，屈肘着地，然后背、腰、臂部依次滚动式着地。（图3-12）

图3-12　脚背正面凌空踢倒勾球示意图

图3-12 脚背正面凌空踢倒勾球示意图（续）

④脚背正面抽踢击球

眼睛注视来球，并根据球的速度、运行轨迹，以及脚击球的预想空间位置的判断，主动控制好身体运动状态、稳定好身体重心、调整好身体姿势，及时移动到位。脚背正面抽踢击球多用于踢下落的空中球（击球位置在膝关节以下），有时也可用于定位球。抽踢击球多用于远射，由于踢球的力量不通过球的重心，能使球产生强烈的前旋，在飞行一段后会出现加速下落的现象，这种飞行特点会给对手造成对第一落点位置的判断错觉。尤其当守门员弃门在外活动时，抽击球射门更能奏奇效。抽踢击球的动作特点参见脚触球方式中的“抽踢部分”。（图3-13）

图3-13 脚背正面抽踢击球示意图

（3）脚背正面踢反弹球

眼睛注视来球，并根据来球速度、运行轨迹、第一落点的位置和反弹角度，选择好脚击球的预想空间位置，在此判断基础上，主动控制好身体运动状态、稳定好身体重心、调整好身体姿势，及时移动到位。其他动作环节与脚背正面踢定位球基本相同。但要强调的是脚触击球的时机一定是在球落地反弹瞬间击球，当球落地时，踢球腿小腿爆发式前摆，水平用力（使膝关节向前平移不要上抬）将球向目标方向击出。（图3-14）

图3-14　脚背正面踢反弹球示意图

（4）如何控制踢出球的高度

要想使脚背正面踢出地滚球，其主要方法是（以踢定位球为例）：① 脚触球时的空间位置要在支撑脚的脚弓至脚尖之间；② 以脚背尽力直立并绷紧的脚形触球的中部；③ 向出球方向水平用力，控制好踢球腿膝关节不要向上抬；④ 在踢活动来球时，根据出球方向和来球状态（速度、高度、方向与角度等）参照前三条适当调整用力方向与力度及触球的空间位置，特别注意控制踢球腿膝关节不能向上抬起。

要想使脚背正面踢出空中球，其主要方法是（以踢定位球为例）：① 脚触球时的空间位置在支撑脚脚尖之前较好；② 触球脚脚背适当放松，触球的下部；③ 向出球目标方向的斜上方用力；④ 踢球时膝关节适当向上抬起。

3. 脚背内侧踢球

（1）脚背内侧踢定位球

① 脚背内侧踢定位球的基本动作要领

斜线助跑，助跑方向与出球方向约成45°。助跑最后一步要大，一般应保持在本人跨一大步的距离较好。支撑脚落地时以脚跟及脚掌的外侧沿先着地，然后过渡到全脚掌。支撑脚脚尖指向出球方向，膝关节微屈支撑身体重心，上体略向支撑脚一侧倾斜，并稍侧转体（支撑脚一侧的肩部稍向前，踢球脚一侧肩稍向后）。支撑脚与球的位置以支撑脚脚尖与球的前沿保持平齐较好，左右距离以支撑脚的内侧沿与球的外侧沿保持15~20cm较好（不同骨盆宽度的人可以适当调整支撑脚与球的左右距离，但一般不要超过25cm）。在支撑脚着地的同时踢球腿以髋关节为轴，大腿带动小腿由后向前摆动（大小腿折叠要紧），当踢球腿膝关节摆至球的内侧垂直上方时，小腿做爆发式前摆（大小腿突然打开），脚尖稍向外侧转，脚尖指向斜下方，脚背绷紧固定，以脚背内侧部位踢球的中后部（踢高球时，可踢球的中下部）。踢球后身体重心随踢球腿的前摆向前移动。（图3-15）

② 易犯错误与纠正方法

● 易犯错误一：支撑脚的位置前后距离偏后，左右距离偏宽。

纠正方法：上步支撑练习。将球放在一大步的距离上，让练习者跨一大步支撑，并保持踢球腿的正确后摆动作。

要求：用“线”标记出正确的支撑位置。上步要积极快速，支撑脚要落在标记的区域内，并且要保持支撑腿的正确支撑状态。左右脚均要练习。

● 易犯错误二：踢球时上体后仰，易把球踢高。原因是支撑脚的位置不当和踢球腿向上抬得过多。

纠正方法1：一步助跑支撑踢球练习，踢球腿膝关节向前平移。

要求：跨步支撑要大而快。踢球时踢球腿的膝关节保持平行地面向前移动，不得向上抬起。左右脚均要练习。

纠正方法2：一步助跑踢球练习，上体前倾，肩略向下压。

要求：上步支撑要快速有力，踢球时保持低头，并向前下方压肩。

● 易犯错误三：支撑脚脚尖方向不正，没有指向出球方向。原因是平时脚落地时没有转动脚尖方向的动作，不习惯这种落地支撑的方式。

纠正方法：上步踩线支撑练习。将球放在一大步距离处，在支撑脚落地位置的中心区域画出一条与出球方向相同的30cm左右的直线（或痕迹），踢球者跨一大步，用支撑脚踩在这条直线上（或痕迹），稳定支撑身体重心。

要求：支撑脚脚尖支撑落地时应与标识线保持平行。每次支撑都要检查落地时的脚尖方向。左右脚均要练习。

图3-15 脚背内侧踢定位球示意图

● 易犯错误四：脚触球时脚形勾脚尖或向内转。这是脚背内侧踢球最常见的错误。原因是没有脚尖向外斜下方指的本体感觉。另外就是怕脚尖触地不敢绷脚背。

纠正方法1：原地稍息练习。个人原地站立，两脚后跟之间的距离保持在15cm左右，踢球脚的脚跟比支撑脚的脚跟略向后错开5cm左右。支撑脚脚尖指向正前方，踢球脚脚尖指向斜前方，成稍息状。听教练员口令“1”时，踢球者快速使自己的支撑腿膝关节弯曲支撑身体，同时踢球腿大腿与膝关节向支撑腿大腿与膝关节靠拢，距离保持在3~5cm。同时踢球脚脚跟提起，脚尖保持与地面相接触不得移动，形成脚背内侧踢球时的正确脚形，并保持正确脚形几秒钟。听教练员口令2时还原成开始姿势。不断反复练习，逐渐习惯于形成正确的脚形姿势。

要求：踢球脚脚跟提起，踝关节外展，脚尖要用力向外斜下方指，脚的内侧沿要比外侧沿稍高一些。支撑脚的位置与支撑姿势要正确。左右脚均要练习。

纠正方法2：体会触球部位练习。将球放在原地，让踢球者用正确的脚背内侧触踢球。

要求：支撑脚位置与支撑腿姿势要保持正确。触球时力量要小，踝关节要紧张，使脚背绷紧固定。左右脚均要练习。

● 易犯错误五：摆腿方向不正确。原因是向前摆动用力控制不当。

纠正方法1：踢球脚落地踩点（线）练习。在出球的正前方向上50cm左右的位置画点或线，要求踢球后踢球脚落地时要踩在所画的点或线上。

要求：支撑脚位置与姿势要正确，身体重心要平稳。落地动作要协调、自然、轻松。左右脚均要练习。

纠正方法2：控制踢球腿膝关节的摆动方向。一步助跑，踢球时踢球腿的膝关节向出球方向摆动。

要求：支撑脚位置要正确，支撑姿势要正确。踢球腿膝关节不得向前上方抬起，也不得向支撑脚一侧摆动。左右脚均要练习。

● 易犯错误六：触球部位不正确。原因是对踢球腿摆动方向控制不好。

纠正方法：踢定点部位练习。将球放在原地，并使充气孔位于球的中后部稍偏下的位置，然后用脚背内侧击球的充气孔。

要求：支撑位置与姿势要正确，触球脚形要正确，逐渐加大踢球力量。左右脚均要练习。

● 易犯错误七：直腿踢球。原因是小腿没有后摆动作，形成大腿发力踢球。

纠正方法1：跨步踢球练习。将球放在一大步的距离上，踢球者只能助跑一步。传球距离在20m以上。

要求：支撑位置与姿势要正确。踢球腿小腿后摆要充分，触球时脚形要正确。左右脚均要练习。

纠正方法2：限制大腿摆动踢球。一步助跑，踢球者踢球时，踢球腿大腿在脚触球后保持相对静止，不得向前摆动。其他环节动作不变。

要求：踢球腿小腿后摆要充分。前摆发力要突然有力。支撑位置与姿势要正确。左右脚均要练习。

（2）脚背内侧踢空中球（侧面半高球）

眼睛始终注视来球，根据来球速度及运行轨迹，选好击球点，身体侧对出球方向，支撑脚屈膝稳定支撑身体重心，且脚尖指向出球方向，身体略向支撑脚一侧倾斜展腹，踢球腿大腿水平外展（水平伸）并抬起，使踢球腿成大腿伸小腿屈状态，当球运行到体前适当距离时，大腿带动小腿由后向前朝目标方向水平摆动，当大腿摆至接近与击球点成一直线时，小腿做爆发式摆动，在体前适当高度位置（一般在膝以上，髋以下高度位置较多）用脚背内侧

击球的中部，同时身体向出球方向扭转，击球后踢球脚随球前摆着地以维持身体平衡。（图3-16）

图3-16 脚背内侧踢半高球示意图

（3）脚背内侧踢反弹球

眼睛注视来球，并根据来球速度、运行轨迹、第一落点的位置和反弹角度，选择好脚击球的预想空间位置，在此判断基础上，主动控制好身体运动状态、稳定好身体重心、调整好身体姿势，及时移动到位。其他动作环节与脚背内侧踢定位球基本相同。但要强调的是脚触击球的时机一定是在球落地反弹瞬间，当球落地时，踢球腿小腿爆发式前摆，水平用力（使膝关节向前平移不要上抬）将球向目标方向击出。这种踢球方法多用于踢侧方或侧前方来的空中下落的球。（图3-17）

图3-17　脚背内侧踢反弹球示意图

（4）脚背内侧转身踢球

助跑最后的倒数第二步应向球的侧前方，即与出球方向相反，在支撑脚一侧的侧前方跨出，最后一步支撑站位时，支撑腿屈膝支撑身体重心，支撑脚尖要对准出球方向，身体向支撑脚一侧出球方向前倾。在支撑站位的同时，身体要向踢球方向转动，踢球腿以髋关节为轴，大腿带动小腿由后向前摆动。其余的环节仍与踢定位球相同。（图3-18）

图3-18　脚背内侧转身踢球示意图

图3-18 脚背内侧转身踢球示意图（续）

（5）脚背内侧削踢定位球（香蕉球）

脚背内侧踢侧弧线球时，助跑最后一步要积极上步支撑，支撑脚站位时，脚尖要超过球的前沿延长线，一般约在球的前沿延长线之前~5cm的位置，左右距离可比踢定位球时略宽，或者保持不变；踢球腿向前沿弧线摆动，与出球目标的第一落点方向基本平行；在脚触球时，踝关节适度紧张，脚尖稍稍抬起（与脚背内侧踢定位球时脚背绷紧脚尖下指不同）以脚背内侧部位击球的中后部，但用力方向不通过球心，在球的垂直轴的外侧，在脚触球时踝关节用力向内转，使球侧旋沿弧线运行。（图3-19）

图3-19 脚背内侧削踢定位球（香蕉球）示意图

图3-19　脚背内侧削踢定位球（香蕉球）示意图（续）

（6）如何控制踢出球的高度

要想使脚背内侧踢出地滚球，其主要方法是（以踢定位球为例）：① 脚触球时的空间位置要在支撑脚的脚弓至脚尖之间；② 脚背绷，尽量直立（脚尖下指），并以脚背内侧触球的中部；③ 向出球方向水平用力，且膝关节不要上抬；④ 在踢活动来球时，根据出球方向和来球状态（速度、高度、方向与角度等）参照前3条适当调整用力方向与力度及触球的空间位置。

要想使脚内侧踢出空中球，其主要方法是（以踢定位球为例）：① 脚触球时的空间位置在支撑脚脚尖之前较好；② 脚触球的下部；③ 向出球目标方向的斜上方用力；④ 踢球时身体适当向后仰。

4. 脚背外侧踢球

（1）脚背外侧踢定位球

① 脚背外侧踢定位球动作要领

踢平直球时，助跑、支撑位置与姿势、踢球腿的摆动基本与脚背正面踢球动作相同，只是用脚背外侧触踢球。在踢球腿的膝关节摆至球的垂直上方的瞬间，小腿做爆发式前摆，小腿前摆时，脚尖向内转并向下指（踝关节内收并旋内），脚背绷紧，脚趾扣紧，以脚背外侧部位触击球的中后部。踢球后身体随球向前自然移动，保持身体平衡。（图3-20）

② 易犯错误与纠正方法

● 易犯错误一：支撑脚位置靠后。原因是站得靠前踢球腿发不出力。

纠正方法：上步支撑踢球练习。将正确的支撑位置区域标记出来，让踢球者的支撑脚落地时必须落在此区域。其他动作环节要保持正确。

要求：上步要大而快速。支撑要稳固。踢球力量由小到大。左右脚均要练习。

图3-20 脚背外侧踢定位球示意图

● 易犯错误二：踢球时脚形不正确，脚尖没有内转，造成触球部位不当。原因是没有这种肌肉控制动作的体会与感觉。

纠正方法1：脚形模仿练习。原地站立，听教练员口令，做出正确的脚形，维持几秒钟然后还原。不断反复练习。

要求：支撑位置与姿势要正确。要在脚触球时的状态下进行模仿练习。左右脚均要练习。

纠正方法2：上步踢定位球练习。两人一组。距离15m左右。踢球者一步助跑，用脚背外侧踢球。

要求：支撑位置与姿势要正确。触球时要注意控制脚尖内转的动作，并保持脚形正确，中小力量踢球。左右脚均要练习。

● 易犯错误三：踢不出弧线球。原因是摆腿用力方向不当、踝关节动作不协调及踝关节随意控制的灵活性不够。

纠正方法1：踢反弹球练习。每人一球，面对球墙，距离10m左右。手抛球踢反弹球。

要求：踢球时注意踢球腿向支撑腿一侧的斜线摆动和踝关节向侧前方的外拨绕动动作，中小力量踢球。左右脚均要练习。

纠正方法2：踢回传球练习。两人一组，面对球墙距离25m左右。一人在球墙下传地滚球给踢球队员，然后慢跑与踢球队员交换位置。踢球队员迎球踢球，然后继续向前迎球将反弹回来的球接停住，运球到球墙下。重复进行练习。

要求：中小力量回传地滚球。踢球队员踢球时支撑脚位置与姿势要正确，特别注意脚形要正确，中等力量踢。左右脚均要练习，两人不断地交换练习位置。

（2）脚背外侧踢地滚球

脚背外侧踢地滚球助跑最后一步支撑脚落地时应考虑球的滚动速度、方向及踢球腿摆动所用时间，以保证脚触球的瞬间支撑脚与球的相对位置基本处于脚背外侧踢定位球的合理支撑位置。其他动作环节与踢定位球相同。可用于踢前方、侧前方及同侧的正侧方、侧后方等方向的地滚球。

（3）脚背外侧踢反弹球

眼睛注视来球，并根据来球速度、运行轨迹、第一落点的位置和反弹角度，选择好脚击球的预想空间位置，在此判断基础上，主动控制好身体运动状态、稳定好身体重心、调整好身体姿势，及时移动到位。其他动作环节与脚背正面踢定位球基本相同。但要强调的是脚触击球的时机一定是在球落地反弹瞬间，当球落地时，踢球腿小腿爆发式前摆，水平用力（使膝关节向前平移不要上抬），用脚背外侧触球，将球向目标方向击出。（图3-21）

图3-21　脚背外侧踢反弹球示意图

（4）脚背外侧削踢定位球（香蕉球）

脚背外侧踢弧线球时，从触球脚一侧斜线助跑，支撑脚落地时脚尖指向出球方向，脚尖前后位置与球的前沿保持平齐或适当后移，但不应超过球的中心横线的延长线，左右距离要适当增加，一般在25cm左右（自己的两脚宽的距离），最重要的是踢球腿的摆动方向不是大腿带动小腿由后直线朝出球目标摆动，而是大腿带动小腿由后向前略向支撑脚一侧摆动，以脚背外侧击球的中后部，使脚触球的用力方向不是正直地通过球心，而是从球的垂直轴靠近支撑脚一侧向前用力，使球体沿自身垂直轴产生自转前行，并在前开过程中形成侧旋弧线运行轨迹，其他要求与踢直线球基本相同。

（5）脚背外侧弹踢球

脚背外侧弹踢球的方法与踢定位的方法在其他环节基本相同，主要区别是踢球腿的摆动方式不同。脚背外侧弹踢球时，踢球腿的摆动以膝关节为轴，以小腿爆发式鞭或打击球为主；摆动方向可根据出球的目标方向进行相应变化，如可以向前摆、向侧前摆或向侧方摆。击球后踢球腿迅速收回。这种踢球方法踢球腿摆幅小、速度快，动作突然，隐蔽性强，比赛中对抗适应性好，应鼓励队员多用。比赛中常用于快速运球中的传球。

（6）如何控制踢出球的高度

要想使脚背外侧踢出地滚球，其主要方法是（以踢定位球为例）：① 脚触球时的空间位置要在支撑脚的脚弓至脚尖之间；② 脚背绷紧脚跟提起脚尖下指，并触到球的中部；③ 向出球方向水平用力且保持膝关节不上抬。④ 在踢活动来球时，根据出球方向和来球状态（速度、高度、方向与角度等）参照前3条适当调整用力方向与力度及触球的空间位置。

要想使脚背外侧踢出空中球，其主要方法是（以踢定位球为例）：① 脚触球时的空间位置应在支撑脚脚尖之前；② 脚触到球的下部；③ 向出球目标方向的斜上方用力，膝关节适当向上抬起；④ 踢球时身体适当向后仰。

5. 脚尖踢球（捅球）

脚尖踢球（捅球）常常是在比赛中运动员来不及，或者是不宜于以正常的踢球动作完成传球、射门动作，或者是防守过程中抢断球时球离抢球队员身体较远时采用的一种补救方法。因此，脚尖踢（捅）球时并没有在助跑、支撑、摆腿、触球、前随这5个环节方面有较为严格的硬性动作规范要求。

（1）脚尖踢球的动作特点：一般助跑多为直线，支撑脚落地支撑位置没有严格的要求，一般在球的侧后方较远（常常是在球的中心横线或后缘横线之后）的位置上，踢球（捅球）时大小腿的后摆动作并不明显，以小腿突然发力为主，触球时踝关节要紧张，保持脚形固定，脚尖略向上翘起，一般多以脚尖触击球的中后部，触球后身体随着触球脚向前随动。

（2）易犯错误：捅球时踝关节没有保持紧张固定，触击球的部位不准、造成出球力量与方向控制不良。

（3）纠正方法：① 让队员在向前踢（捅）球摆动时，踢（捅）球脚脚跟贴近地面，脚尖翘起，以脚尖触击球练习。② 队员两人一组，相距1m，连续用脚尖直接传地滚球。

6. 脚跟踢球

脚跟踢球脚尖踢球一样，是运动员在比赛中运用较少的一种踢球动作方法，也是一种非常规的踢球方法。它具有很好的隐蔽性和突然性，但脚跟踢球的距离较近，力量较小，不能踢出过顶的空中球。

（1）脚跟踢球的方法（以右脚为例）：① 当球在队员的右脚同侧时，队员用右侧脚跟向后踢球。② 当球在队员的支撑脚外侧（左侧）时，队员用右脚从前面交叉到支撑脚外侧以脚跟向后踢球。

（2）脚跟踢球的动作特点：助跑方向与出球方向相反，支撑脚站位没有严格的限制，踢球腿摆动主要靠小腿向后发力摆动，交叉式摆动踢球时，摆动腿交叉幅度要小，但交叉速度要快，击球后的身体重心支撑与保持平衡的调整要快。击球时踝关节要紧张固定，保持脚跟触击球的中前部。踢球后的前随动作应根据比赛实际情况来考虑快速调整身体姿态与运动方式，以满足后续比赛情况的需要。

③ 易犯错误与纠正方法

● 易犯错误一：踝关节紧张固定不好，造成击球不准和出球无力。

纠正方法：两人一组，相距1m用脚跟连续直接传球。

● 易犯错误二：踢球腿的后摆控制不协调、不准确，造成击球动作不协调，击球不准确。

纠正方法：队员两人一球站在球门区纵线起点，一人运球到球门区横线后以脚跟传球，然后回到起点，第二个队员重复第一个队员的练习。

要求：脚跟传回的球要始终沿着球门区的纵线运行，运球的速度由慢渐快。

● 易犯错误三：交叉踢球摆腿时，摆腿交叉动作不协调，身体重心控制不稳定，造成无法正确完成击球动作。

纠正方法：队员两人一球站在球门区纵线起点，一人运球到球门区横线后以左右交叉的踢球方式用脚跟传球，然后回到起点，第二名队员重复第一名队员的练习。

要求：脚跟传回的球要始终沿着球门区的纵线运行，运球的速度由慢渐快。

（四）弧线球形成原因

1. 不同弧线球的概念

不同的弧线球在比赛中的作用有所不同。为达到不同的战术目的，运动员常常会利用各种脚法踢出不同的弧线球。如在罚球区附近的直接任意球射门时，为绕过防守人墙的阻碍，主罚队员常常采用脚背内侧踢侧旋球的方式，使球在空中产生侧旋，从而形成所谓的“香蕉球”，从防守人墙的外侧绕过以达到射球进门的目的。

（1）回旋球

回旋球是指面对出球方向，球在向前飞行中沿自身的横轴向踢球者方向旋转。

（2）前旋球

前旋球是指面对出球方向，球在向前飞行中沿自身的横轴向目标者方向旋转。

（3）内旋球

内旋球是指面对出球方向，球在向前飞行中沿自身的纵轴从踢球脚一侧向支撑脚一侧旋转。

（4）外旋球

外旋球是指面对出球方向，球在向前飞行中沿自身的纵轴从支撑脚一侧向踢球脚一侧旋转。

此外还可能有混合方向的侧前旋球、侧回旋球等。

2. 不同弧线球的产生

（1）球体的3个重心轴与所受作用力方向的关系

足球是一个圆形的球体，从物理学的角度分析，它有3个重心轴：一是平行于地面的水平横轴（与出球方向垂直）；二是平行于地面的纵轴（与出球方向平行）；三是垂直于地面的垂直轴。根据这3个轴，球被踢出后出现弧线轨迹飞行的原因简单地讲，可从以下几个方面考虑：① 作用力通过球体某一重心轴的方向；② 作用力的部位和大小；③ 球自身的旋转方向与速度大小；④ 空气流动的方向与空气阻力形成的压强大小。

当踢球的作用力方向通过球的重心与纵轴保持一致时，球将会直线向前运行，球体也不会发生自转。球在前进过程中受空气阻力的影响会出现飞行轨迹摇摆不定（球在飞行过程中出现“飘动现象”），运动员在比赛中用脚背正面大力射门时常常能踢出这种球。

当踢球的作用力方向由球的重心横轴下方经过时，球在向前飞行过程中出现绕自身横轴的回旋，球在前进过程中受空气阻力的作用会出现平稳的抛物线下落飞行轨迹，运动员在比赛中以脚背内侧踢中长传过顶球时常常能踢出这种球。而当踢球的作用力方向是由球的重心横轴上方经过时，球在向前飞行过程中出现绕自身横轴的前旋，球在前进过程中受空气阻力的作用会出现急速下落的所谓“落叶球”。运动员在比赛中以脚背正面抽踢凌空射门时常常能踢出这种球。

当踢球的作用力经过球的重心垂直轴外侧（踢球脚一侧）时，球在向前飞行过程中出现绕自身垂直轴的内旋（向支撑脚一侧旋转），球在前进过程中受空气阻力的作用会出现一个先向踢球腿一侧偏移，然后突然向支撑脚一侧偏移的“香蕉侧曲状”飞行轨迹。运动员在比赛中以脚背内侧踢角球，在罚任意球射门时常常能踢出这种球。

当踢球的作用力经过球的重心垂直轴内侧（支撑脚一侧）时，球在向前飞行过程中出现绕自身垂直轴的外旋（向踢球脚一侧旋转），球在前进过程中受空气阻力的作用会出现一个先向支撑腿一侧偏移，然后突然向踢球腿一侧偏移的“香蕉侧曲状”飞行轨迹。运动员在比赛中以脚背外侧踢角球，罚任意球射门时常常能踢出这种球。

（2）在飞行过程中空气阻力和压强变化对球的影响

根据物理学中流体力学的流速快的地方压强小，流速慢的地方压强大的原理可知，球体向前飞行过程中绕自身横轴向回旋转时，会带动球体表面的空气产生同样方向的转动，这种球体表面转动的空气流动方向在球体上方与空气阻力方向一致，因此，球体上方的空气流动快，压强小，而球体表面下方的空气流动方向与空气流动方向相反，球体下方的空气流动就会较慢，造成球体下部的压强较大，因此球在飞行过程中就会出现缓慢下落的抛物线式轨迹。

（五）踢球练习方法示例

1. 脚内侧踢球训练方法示例

练习1  	目的：熟悉球感，初步掌握脚内侧踢定位球技术。 方法：两人一球面对面站立，相距10m远，互相传球。 要求： （1）踢球前观察同伴位置。 （2）注意以下几个要素：方向、力量、轨迹。 （3）直线助跑，立足踏于球平行处，与球间隔一脚掌距离，身体前倾膝盖弯曲，髋关节外展脚尖上扬绷住，大腿带动小腿摆动，脚弓击球中部，击球后身体前随。 区域：1/2足球场。 器材：球。
练习2  	目的：提高脚内侧踢定位球技术。 方法：两人一组，在指定的位置比赛踢球门，之后换侧。每个位置3次机会，记总得分。 要求： （1）双脚都要练习。 （2）注意以下几个要素：方向、角度、力量、轨迹。 区域：10m×10m。 器材：球、标志服、标志桶。
练习3  	目的：提高在比赛中运用脚内侧踢球的能力。 方法： （1）分为两组比赛，每组三人，每组守一个球门。 （2）有两名自由人接应，自由人得分无效。 （3）脚内侧踢球进门得分有效。 要求： （1）多传球、多跑动、多接应。 （2）利用传球配合组织进攻。 区域：30m×30m。 器材：球、标志服、球门。

2. 脚背正面、内侧、外侧踢定位球训练方法示例

练习1 	目的：熟悉球感，初步掌握脚背正面、内侧、外侧踢定位球技术。 方法：两人一球面对面站立，相距15~20m，互相传球。 变化：先从地面球开始，随着高度的变化增加两人的距离。 要求： （1）踢球前观察同伴位置。 （2）注意几个要素：方向、角度、力量。 区域：1/2足球场。 器材：球。
练习2 	目的：提高脚背正面、内侧、外侧踢定位球射门技术。 方法： （1）在指定位置顺序射门。 （2）射门后改变位置。 要求： （1）射门前观察球门和门将位置。 （2）根据自己的射门角度和门将位置选择射门方向和高度。 区域：罚球区。 器材：球、球门。
练习3 	目的：提高压力下脚背正面、内侧、外侧踢定位球的能力。 方法： （1）分为两队，在指定位置进行定位球比赛。 （2）进球为得分，每人每个位置3次机会，计算双方总得分。 要求： （1）观察人墙、门将及自己所处的角度，选择射门方向和高度。 （2）注意几个要素：方向、角度、力量、轨迹、隐蔽性。 区域：进攻三区。 器材：球、标志服、人墙。

3. 脚背正面、内侧、外侧踢反弹球训练方法示例

练习1 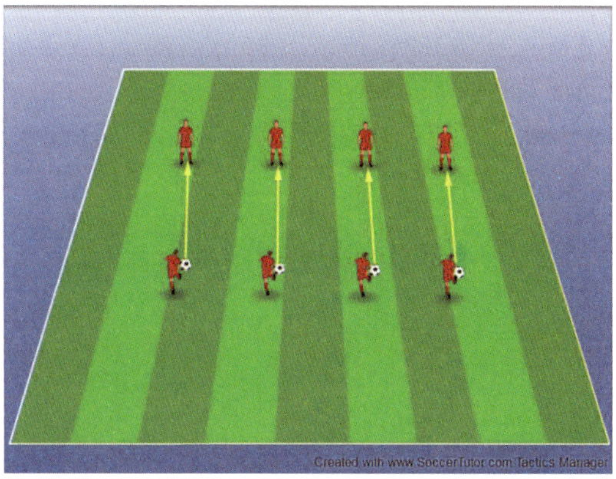 	目的：熟悉脚背正面、内侧、外侧踢反弹球技术。 方法： （1）两人一球面对面站立，自抛自踢。 （2）每人每只脚8次练习，之后换人。 变化：先做脚背正面练习，然后做脚内侧，最后做脚外侧。 区域：1/4足球场。 器材：球。
练习2 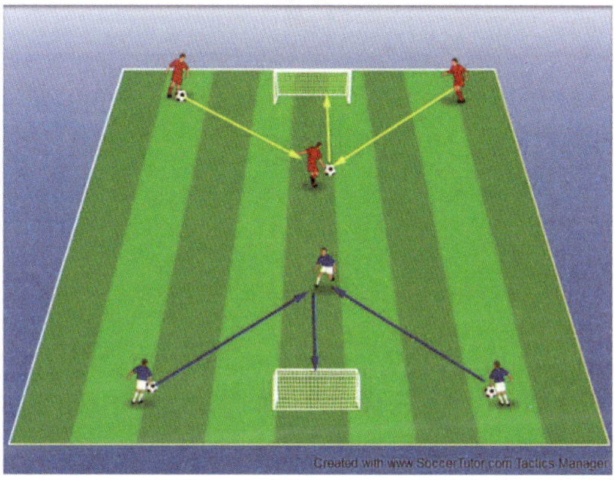 	目的：提高脚背正面、内侧、外侧踢反弹球射门技术。 方法： （1）中间球员来回接地线两名队友手抛球踢反弹球完成射门。 （2）每人每侧做5次后交换。 变化：先做脚背正面练习，然后做脚内侧，最后做脚外侧。 要求： （1）接球前观察球门方向和门将位置。 （2）每次接球的变速。 （3）首先是命正率，然后是命中率。 区域：罚球区内。 器材：球、标志服、球门。
练习3  	目的：提高在对抗中脚背正面、内侧、外侧踢反弹球射门能力。 方法： （1）中间球员摆脱防守人，任意接地线两名队友手抛球踢反弹球完成射门。 （2）每人30s，攻守转换。全部完成后换下一组。 变化：球员可以根据球门、门将、防守人及来球情况选择反弹球射门方式。 要求： （1）改变方向和速度摆脱防守人。 （2）信号明确并果断。 区域：25m×25m。 器材：球、标志服、球门。

4. 脚背正面、内侧、外侧踢空中球（侧面半高球）训练方法示例

练习1 	目的：熟悉脚背正面、内侧、外侧踢空中球技术。 方法： （1）两人一球面对面站立，一人手抛一人踢。 （2）每人每只脚8次练习，之后换人。 变化：先做脚背正面练习，然后做脚内侧，最后做脚外侧。 区域：1/4足球场。 器材：球。
练习2 	目的：提高脚背正面、内侧、外侧踢空中球射门技术。 方法： （1）球员来回接地线队友手抛球完成射门。 （2）每人每侧做5次后交换。 变化：先做脚背正面练习，然后做脚内侧，最后做脚外侧。 要求： （1）接球前观察球门方向和门将位置。 （2）每次接球前运用速度变化摆脱防守队员。 区域：罚球区。 器材：球、标志服、球门。
练习3 	目的：提高在对抗中脚背正面、内侧、外侧踢空中球射门能力。 方法： （1）中间球员摆脱防守人，任意接地线两名队友手抛球完成射门。 （2）每人30s，攻守转换。全部完成后换下一组。 变化：球员可以根据球门、门将、防守队员选择射门方式。 要求： （1）改变方向和速度摆脱防守人。 （2）信号明确并果断。 区域：罚球区。 器材：球、标志服、球门。

5. 脚尖踢球（捅球）与脚跟踢球训练方法示例

练习1 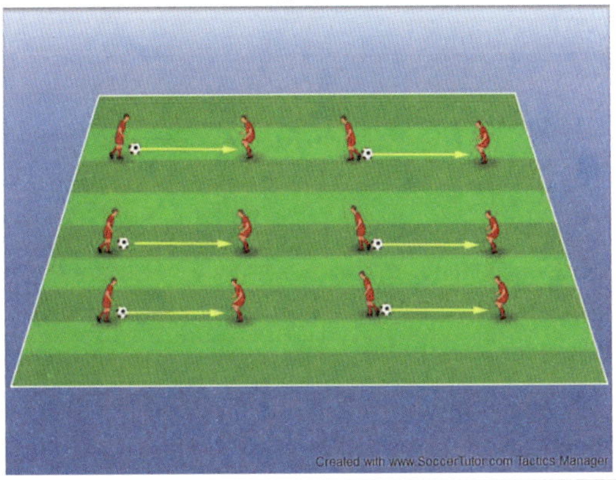 	目的：初步掌握脚尖踢球和脚跟技术。 方法：两人一球面对面站立，相距10m远，互相传球。 区域：1/2足球场。 器材：球。
练习2  	目的：提高脚尖踢球与脚跟踢球技术。 方法：一人一球，自由运球，听信号后用脚尖或脚后跟部位踢球击中标志桶。踢中得1分，记总得分。 要求： （1）双脚都要练习。 （2）注意以下几个要素：方向、角度、力量、轨迹。 区域：10m。 器材：球、标志服、标志桶。
练习3  	目的：提高在比赛中运用脚尖和脚跟踢球能力。 方法： （1）分为两组比赛，每组5人，每组守3个球门。 （2）运用脚尖与脚跟踢球进球门算得分。 区域：30m×30m。 器材：球、标志服、球门。

三、接球基本技术动作概念与动作要点

（一）接球基本动作概念、作用、特点

1. 接球的概念

接球是指队员在比赛中根据实际需要，采用加力（推拨）或减力（缓冲）的方式，使来球处于本人更加有利于完成下一个技战术动作的位置范围内的控球方式总称。

2. 接球的作用

（1）接球在足球比赛中主要是调整进攻节奏。

（2）为更好地处理后续的技术与战术动作提供便利条件。

（3）为改变进攻趋势、优化进攻方法、增加进攻变化提供有利基础。

3. 接球的方式

依据球所处的空间状态，将接球的基本方式分为接地面来球、接空中来球，以及接反弹球3种基本方式。

4. 接球的特点

（1）除去手臂之外（守门员在本方罚球区内除外），运动员身体其他各部位都可以用于接球。

（2）一个完整的接球动作基本由接球前的身体状态及位置调整、触球前的身体支撑准备、触球过程完成和触球后的连接动作4个环节构成。

（3）不同身体部位的接球动作在比赛中的使用明显不同。如脚内侧接球技术动作在接地面来球、空中来球和反弹球情况下使用较多，而在需要接球转身或变向摆脱防守者时脚背外侧接球技术动作使用较多。

（4）无论用身体什么部位完成接地面来球、空中来球和反弹球，触球过程完成环节主要是考虑改变来球力量和方向。

（5）接地面来球与空中来球时（以脚部接球动作为例），触球过程中为缓冲来球力量与改变来球方向的“前迎与后撤”动作幅度较为明显，且“形式结构”也较相似。而在接反弹球时，触球过程中将缓冲来球力量与改变来球方向的“前迎与后撤”动作改为迫使球体沿地面运动的“斜面挤压与缓冲”动作。

（二）接球基本动作结构

1. 接球前的身体状态及位置调整

在接球前的身体状态及位置调整过程中，队员有几个方面的因素要同时进行考虑。

（1）队员接球前首先要将自身的身体姿势、运动状态调整到有利于完成接球动作的状态下。

（2）要对来球的运行速度、路线、第一落点、脚触球的空间位置、来球的旋转性质等准

确地判断，以确保自己能够在准确的时间与地点触到球。

（3）要及时注意观察邻近同伴与对手的攻守位置和意图，以保证自己能够及时、合理地调整身体姿态和位置，处于有利的接球位置。

2. 触球前的身体支撑准备

在这一过程中，需要考虑几个主要方面。

（1）保持身体重心的平衡与稳定。运动员常常采用支撑腿的膝关节适度弯曲，含胸收腹、降低身体重心的方法，以加强支撑的稳定性。“稳固的支撑是接好球的保证，接球效果的好坏，取决于支撑脚的位置和支撑的稳定性。合理的支撑距离，有助于接球动作的顺利完成，而支撑脚的合理方位，则有助于运动员将球控制在所需的位置上，并能尽快转入下一步行动。”

（2）保证触球部位处于可以自如活动的状态。最主要的是要尽量避免出现触球部位在触球时既要完成迎撤缓冲触球动作，又要完成维持身体重心平衡稳定动作的双重功能现象。

（3）触球的身体部位应有利于进攻的发展和用身体阻隔对手抢球。因此，接球时支撑腿的选位应根据接球的方法和目的来确定。[1]

3. 触球过程完成

队员用接球部位触球过程的直接目的就是通过减力（缓冲）或加力（推拨）改变来球方向，达到使球处于需要的状态和位置。减力（缓冲）和加力（推拨）是根据物理学中的动量定理来实现的。简单地说是以公式Ft=Mv表示接球部位受到球的作用力，m表示球的质量，v表示球的运行速度，t表示球作用于接球部位的时间。

减力（缓冲）过程的两种手段：一是以通过触球部位的前迎和后撤来增大触球部位与球的接触时间；二是以丰满的肌肉接触球时，吸收来球的一定的能量以达到缓冲的目的。[2]通过这两种手段，使触球部位作用在球体上的F值减小，且用力方向也与来球方向相反，从而达到缓冲来球速度和改变来球方向的目的。前迎后撤动作的幅度、后撤的时机与速度是决定缓冲效果好坏的关键因素。要根据来球的速度调整前迎后撤的动作幅度与速度，对一些运行速度较慢，力量较小的来球，可利用接球部位关节和肌肉的适度紧张与放松获得缓冲效果。

动量定理：物体所受合外力的冲量等于它的动量的变化，用简单的公式表示：Ft=Vm（动量守恒定律：相互作用的物体系统，如果不受外力或它们受的外力之和为零，它们的总动量保持不变。）

改变来球方向是指通过触球部位与球接触时给球施加一个外力，使来球不在原来运行的方向上继续运行，而改变到接球者需要的方向运行。在改变来球运行方向的过程中常常也会同时包含缓冲来球力量的动作因素。如脚内侧接停反弹球时。足球比赛实际情况中，队员常

[1]　王崇喜．普通高等教育“十五”国家级规划教材．全国普通高等学校体育教学指导委员会审定．高等学校教材球类运动—足球[M]．北京：高等教育出版社，2005.

[2]　全国体育学院教材委员会．足球[M]．北京：人民体育出版社，1992.

常“通过推压、切挡、拨转、拉引和收挺等加力动作，使球改变原来的运行方向，并在这一过程中逐渐损耗能量，最终使球速减弱而达到控制球的目的。”[1]

在比赛中运动员常用的接球的触球方式有以下几种：

（1）前迎后撤。前迎后撤是指触球部位在触球前先向前迎出，当来球快要接触到触球部位的刹那，触球部位根据来球速度快速向回引撤，在后撤过程中使球贴着触球部位移动一段距离，达到缓冲来球力量的动作过程。前迎后撤动作要协调连贯，时机要恰到好处，后撤的幅度和速度应与来球速度及接球的后续战术意图相适应，以优化缓冲效果获得更好的实战利益。

（2）斜面压控。斜面压控是指队员在接停反弹球时，触球脚和小腿二者联合，在球体落地反弹点的斜上方构成一个与地面成楔形角度的平面，以脚内侧或脚背外侧“斜面压控”触球的外侧上方。“斜面压控”中的“压”是指在脚触球过程中总体是将球体向地面下压的动作，而“斜面压控”中的“控”是指触球部位在下压过程中给球的加力和减力两个方面。当来球高度较低反弹力量较小时，根据比赛需要，触球时可以给球一点向接球方向平推的力量，以使球体能够更快速地进入所需要的位置；而当来球高度很高、反弹力量很大时，根据比赛需要，在触球时往往会采用触球脚微微沿反弹方向抬撤来缓冲反弹力量的动作，以控制球体运行速度，保证球处于自己的有利控制范围之内。运用“斜面压控”动作的关键在于准确判断来球的落点、反弹的时间和路线，特别是要精确控制好触球的时机、触球部位和压控角度。

（3）切挡。切挡是指通过触球部位从来球的上方向下切挡触球的动作。一方面用接球部位阻挡住来球，另一方面通过下切触球方式使球体产生旋转（向地面转动）以增大球与地面的磨擦阻力，从而达到控球目的。切挡接球的关键在于把握好下切的时机、触球的部位、下切的角度和速度。当来球速度越快、力量越大时，挡的作用越突出，切的作用越受限；而当来球速度较快时，要适当调小下切角度，加大下切速度，反之相反。

（4）拨转。拨转是指拨球与改变来球方向，拨球与转身动作结合为一体的动作。“拨球是利用脚绕踝关节向侧的转动，以达到用脚背内侧或脚背外侧触球，将球拨向身体的侧前方、侧方、侧后方。”[2]拨转球是通过调整来球运行的角度与方向将球控制到队员需要的、更有利于进攻的方向与位置范围内。在拨球与转身动作结合时，拨球的角度、方向、球的运行速度与距离等方面都要控制精确，而拨球队员的身体姿态、面对的方向，身体的重心等因素都应向球所在的方向和位置快速移动。

（5）收挺。这一动作方式主要是用于胸部接停空中球。胸部接停空中球有收胸式和挺胸式两种。收胸式接球一般用于来球在头部以下腹部以上的平直球。收胸是指胸部在触球时向后回撤含缩，通过胸部向后回撤含缩获得缓冲来球力量的效果，达到控制球的目的。“挺指

[1] 王崇喜. 普通高等教育“十五”国家级规划教材. 全国普通高等学校体育教学指导委员会审定. 高等学校教材球类运动—足球[M]. 北京：高等教育出版社，2005.

[2] 全国体育学院教材委员会. 体育学院专修通用教材. 足球[M]. 北京：人民体育出版社，1992.

身体或接球部位呈一定的角度主动迎球推送的动作，其作用是通过向上改变来球方向达到控球目的。”[1]挺胸式接球一般用于来球高于头顶的空中球，是指在胸部触球时将球向前上方挺托，通过胸部的挺和身体躯干形成的背弓获得的弹性达到缓冲来球的力量的效果和控制球的目的。

4. 触球后的连接动作

接球后的身体重心能否快速紧随球体向有利的进攻方位移动，是快速合理衔接与完成下一个技战术动作的基础和前提，也是接球动作质量好坏最重要的判断标准。所以要注意，在接球动作完成过程中，在触球的短暂时间阶段内，身体重心具有瞬时的稳定性，以保证触球动作的高质量。在触球部位触球的同时及触球后的瞬间，队员就要有意识地尽力将身体重心向球所在方向与位置移动接近，使自己的移动与球的运行保持紧密一致，确保自己处于能够先触到球，并能够及时合理地完成下一个技术战术动作的有利位置。

（三）接球基本动作要领、易犯错误与纠正方法

1. 脚内侧接地滚球、反弹球、空中球

（1）脚内侧接地滚球

动作要领：根据需要，调整好身体状态与位置，支撑脚正对来球，膝关节微屈稳固支撑身体重心，保证身体重心的平衡稳定。接球腿屈膝外转并前迎，接球脚以脚内侧部位触球，在球与脚接触的瞬间，开始向后回撤缓冲来球力量，在后撤过程中将球接在自己的控制范围之内和下一个动作需要的位置上，然后快速连接下一个动作。（图3-22）

图3-22　脚内侧接地滚球示意图

[1]　王崇喜．普通高等教育“十五”国家级规划教材．全国普通高等学校体育教学指导委员会审定．高等学校教材球类运动—足球[M]．北京：高等教育出版社，2005.

图3-22　脚内侧接地滚球示意图（续）

（2）脚内侧接反弹球

动作要领：根据需要，调整好身体状态与位置，支撑脚在球的落点的侧前方或侧方（根据接球的方向不同，可以调整支撑脚的位置），膝关节屈曲稳定支撑身体重心，保证身体重心的平衡。上体稍向接球方向倾斜并稍前倾。接球脚提起，踝关节适当紧张（脚尖适当勾起），用脚内侧部位对准球的反弹路线。当球落地反弹离地瞬间，用接球脚的脚内侧触压球的外侧中上部，将球接控在支撑脚的附近位置，然后快速连接下一个动作。（图3-23）

图3-23　脚内侧接反弹球示意图

（3）脚内侧接空中球

① 动作要领

根据需要，调整好身体状态和位置，支撑脚的位置一般在球的侧方适当距离，支撑腿屈膝稳固支撑身体重心，两臂自然张开以维持身体平衡。根据来球高度和位置，接球脚举起以脚内侧部位对准来球，接球脚踝关节保持适当紧张以控制脚形，并适当前迎，当球与脚接触前瞬间，接球脚向后回撤缓冲来球力量，在后撤过程中将球接在自己控制范围内和下一个动作需要的位置，然后快速连接下一个动作。（图3-24）

图3-24　脚内侧接空中球示意图

② 易犯错误与纠正方法

● 易犯错误一：缓冲不当，造成接球过大。原因是缓冲后撤过早，造成没有缓冲而将球击出。

纠正方法1："延迟缓冲"练习。两人一组，距离10m远。脚内侧中等力量传地滚球。接球队员稳定支撑身体重心，接球脚前伸到支撑脚脚尖前10~15cm处（脚离地面的高度不超过15cm），触球并放慢回撤的速度，使脚产生一种被撞回的感觉。

要求：传球力量要稍大一些，球滚动要平稳。脚接触球时踝关节要保持适当紧张以保证脚内侧部位接触球。支撑脚要稳定支撑身体重心，以保证接球脚向前伸出时身体重心的平衡稳定。左右脚均要练习。

● 易犯错误二：接地滚球时抬脚过高，将球漏过。原因是对接球脚的控制动作不准确。

纠正方法："直腿缓冲接球"练习。两人一组对传。距离10m左右。

要求：接球队员接球时要保持接球腿处于"直腿"缓冲状态。使接球脚与地面的高度不超过20cm。接触球的部位与时机要正确。左右脚均要练习。

● 易犯错误三：接反弹球时，接控球不稳。原因是对球的落点判断不准、接球脚抬得过高和触球部位不当。

纠正方法1：控制腿形与脚形练习。每人一球，一手持球，原地站立，使接球腿与接球脚向外侧抬起（脚离开地面约20cm）与地面形成45°左右的夹角，支撑腿屈膝支撑身体重心。手掷球到接球脚处的地面，使接球脚体会触球的时机与部位的正确感觉。

要求：接球腿与接球脚形要控制好。支撑腿要保持正确的位置与姿势支撑身体重心。脚触球时踝关节要适当紧张以保持正确的脚形与触球部位。左右脚均要练习。

纠正方法2："一音"接球练习。两人一组或个人练习均可。抛球接反弹球，在脚触球时只能听到一个声音。如果听到两个声音表明接球的时机不对，触球脚抬高了。如果触球时机恰到好处，接球时就只有一个声音。

要求：抛球的高度不要高，有本人的身高就可以了。当动作熟练后可逐渐增加抛出球的高度。判断好球的落点，身体重心要保持稳定与平衡。脚触球时踝关节要适当紧张以保证正确的脚形与触球部位。左右脚均要练习，两人交替练习。

● 易犯错误四：接反弹球时接球距离过大。原因是接球腿向下主动加力。

纠正方法："屈伸"支撑腿接球练习。两人一组或个人练习均可。一人抛球，一人接球或自抛自接。

要求：接球时接球腿保持"固定"姿势不动，而在触球时向下调整支撑腿膝关节的屈曲程度。脚触球时踝关节要保持适当紧张，以保证正确的脚形与触球部位。左右脚均要练习，两人交替练习。

● 易犯错误五：接空中球时接球不稳。原因是对球的路线判断不准，接触球的时机与部位不好造成接球不稳。

纠正方法：多球练习。6~8人一组。在罚球区内进行掷球接球练习。一人在罚球区内慢跑接球，其他队员在罚球区线上四周不同位置不断向罚球区内的接球队员掷界外球。

要求：掷出球的高度与速度要不断变化。接球队员要快速判断球的速度与触球位置。触球部位与时机要正确，将球接在自己控制范围之内，然后回传给传球队员。左右脚均要练习，队员交替换位练习。

2. 脚背正面接空中球

（1）脚背正面接空中球动作要领

根据需要，调整好身体状态与位置，支撑腿屈膝稳定支撑身体重心，支撑位置一般在球的侧后方适当位置。接球腿屈膝抬脚，踝关节保持适当紧张，以脚背正面正对来球，在球下落触到脚背的瞬间接球脚向下回撤，在下撤过程中将球接在自己控制范围内和下一个动作需要的位置上，并快速完成下一个连接动作。

另一种方法是接球脚基本不向上抬起，而是脚背向上勾起，踝关节保持中度紧张，在接近地面高度5~10cm处触球，通过球下落的冲击力将勾起的接球脚背砸下去从而缓冲了球的力量，将球接控在下一个动作需要的范围内，并快速完成下一个连接动作。（图3-25）

图3-25 脚背正面接空中球示意图

（2）易犯错误：触球时机与部位不当，接球距离过大。原因是对接球脚下撤的时机与动作控制不好。

（3）纠正方法

纠正方法1："引球"下落练习。两人一组。一人双手持球位于接球队员身前，将球置于接球队员腰部高度，接球队员用接球脚背正面托住球，持球队员松手，接球队员尽量将球在自己的脚背上保持住，并向下引到地面。

要求：接球队员身体重心要稳定平衡，接球脚背要适当紧张，保持脚背的正直。在向下引球的过程中要调整脚与球的平衡点以保持球尽可能地不脱离脚面。左右脚均要练习，两名队员交替练习。

纠正方法2："砸脚背练习"。每人一球，双手持球，接球脚伸出成接球状态，掷球下砸脚背，使球接在控制范围之内。

要求：踝关节要保持中度紧张，形成一种"弹簧"状态，球向下的冲击力被"踝关节弹簧"缓冲掉。要保证脚背正面触球的下中部。左右脚均要练习。

3. 脚背外侧接地滚球、反弹球

（1）脚背外侧接地滚球

动作要领：根据需要，调整好身体状态与位置，面对来球，支撑腿屈膝稳定支撑身体重心，支撑位置在球的侧面。接球脚稍提起，膝关节和脚尖稍向内转（向支撑脚一侧靠近），以脚背外侧正对来球。在支撑脚的前侧方触球外侧部位（球体靠近支撑脚一侧的部位）。在脚触球时踝关节要适当紧张，并伴有一个向接球方向"推送"的拨球动作，将球接在下一个动作需要的控制范围内，并快速连接下一个动作。（图3-26）

图3-26 脚背外侧接地滚球示意图

（2）脚背外侧接反弹球

① 动作要领

根据需要，调整好身体状态与位置，面对来球，支撑腿屈膝稳定支撑身体重心，支撑位置常常在球的侧面。接球脚稍提起，膝关节和脚尖稍向支撑脚一侧靠近，脚尖稍向内上方勾起（脚内翻状态），以脚背外侧正对来球。并使接球腿小腿及接球脚与地面形成一个夹角，在球反弹离地瞬间接球脚脚背外侧于支撑脚的前侧方触球外侧部位（球体靠近支撑脚一侧的部位）。在脚触球时踝关节要适当紧张，并伴有身体重心向接球方向倾斜移动的动作，将球控制在下一个动作需要的范围内，并快速连接下一个动作。（图3-27）

图3-27　脚背外侧接反弹球示意图

② 易犯错误与纠正方法

● 易犯错误一：接地滚球时接球不稳，接球距离过大。原因是对接球时踝关节的控制不好及身体重心向接球方向移动过快。

纠正方法："抬脚外拨"接球练习。两人一组，距离10m左右。一人传地滚球，一人接球。

要求：接球时支撑腿要屈膝稳固支撑身体重量，接球脚在支撑脚的侧前方抬起并稍内翻，当脚背外侧接触球时，踝关节向接球方向推送，并拨球转动，拨球后稍保持接球脚在空中停留的时间，延迟接球脚落地的动作。

● 易犯错误二：接反弹球时触球时机与部位不当。原因是对球的落点判断不准，对接球脚的控制不好和身体重心不稳。

纠正方法："原地定点接球"练习。两人一组，距离2m左右。一人原地站立，将接球脚摆在球反弹点上形成正确的接球姿势，另一人则手掷球到反弹点，使接球队员能够体会正确的触球时机与部位。

要求：接球队员身体重心要保持稳定平衡，接球脚的姿态要正确，触球部位要正确，接球后身体重心向接球方向的移动动作要稍迟缓一点，以保证接球脚在空中的自如摆动。掷球队员掷出球的落点要准确有力。左右脚均要练习，两人交替练习。动作熟练后，可以调整供球方式，改掷定点球为抛出不同落点的球，让接球队员在移动中找点接球。

4. 大腿接停平球、高球

（1）大腿接高球技术

动作要领：根据需要，调整好身体状态与位置，面对来球，支撑脚稳固支撑身体重心，接球腿向前上方屈膝抬起，以大腿中部正对下落来球，肌肉适当紧张，在大腿与球接触前的瞬间大腿向下撤引，在撤引过程中以大腿的中部接控球，将球控制在下一个动作需要的位置，并快速衔接下一个技术战术动作。（图3-28）

图3-28 大腿接高球技术示意图

（2）大腿接平球技术

① 动作要领

根据需要，调整好身体状态与位置，面对来球，支撑脚稳固支撑身体重心，接球腿屈膝前迎，以大腿中部正对来球，肌肉适当紧张，在大腿与球接触前的瞬间小腿迅速向后下方撤引（接球腿的大小腿），在撤引过程中以大腿的中部正面接控球，将球控制在下一个动作需要的位置上，并快速衔接下一个技术战术动作。（图3-29）

图3-29　大腿接平球技术示意图

② 易犯错误与纠正方法

● 易犯错误一：接高球时触球时机与部位不当。原因是对球的落点判断不准，对接球后撤下引的动作控制不好。

纠正方法1："颠接球练习"。两人一组（个人练习也可）。距离10m左右。一人抛高球，接球队员用大腿中部将球向前上方颠接起来。

要求：抛球落点要准确，弧度在45°左右。接球队员要判断好球的下落路线，控制好接球腿触球部位与位置。左右腿均要练习。队员交替练习。

纠正方法2："限量（距离）后撤"接球练习。两人一组。距离10m左右。一人抛高球，接球队员用大腿将球接在下一个动作需要的位置上。

要求：在接球腿下撤后引时，接球腿的脚跟不得后退超过支撑脚脚弓延长线的位置。抛球落点要准确，弧度在45°左右。接球队员要判断好球的下落路线，控制好接球腿触球部位与位置。左右腿均要练习，队员交替练习。

● 易犯错误二：接平球时触球动作不当。原因是腿与球接触时大小腿在膝关节的角度没有改变。只是将腿与球的接触点后移而已。

纠正方法："点地放脚接球"练习。两人一组，距离10m左右。一人抛球，一人大腿接球。

要求：接球腿屈膝前迎脚尖触地不得离开地面，在触球瞬间，接球腿的脚尖向下放轻轻触地，并过渡到前脚掌和脚后跟，支撑腿保持不动稳定支持身体重心。左右腿均要练习。队员交替练习。抛出的球速度要快、弧度要平，球的落点在接球者的髋部稍下的位置较好。

5. 胸部接停平球、高球

（1）胸部接平球（收胸式）技术

动作要领：一般用来接头部以下腹部以上的平直球。根据需要，调整好身体状态与位置，面对来球，身体重心保持在两腿之间，两腿膝关节微屈，左右平行开立。两臂自然张开维持身体平衡。挺胸迎球，当球运行到与胸部接触前的瞬间，身体重心由前脚掌向后脚跟移动，同时胸部回缩，收腹，以胸部正中部或左右胸大肌部位触球的中部，将球接控在下一个动作需要的位置上，并快速衔接下一个技术战术动作。如果要将球向两侧接，则在接球时向接球方向转动上体，并用同侧胸大肌部位触球，以改变球的方向。（图3-30）

图3-30　收胸式接球技术示意图

（2）胸部接高球（挺胸式）技术

① 动作要领

挺胸式一般用于高于头部的下落球。根据需要，调整好身体状态与位置，面对来球，收下颌（下巴回收）两臂自然张开，两脚自然开立（左右开立较好），两膝微屈，重心在两脚之间。当球运行到与胸部接触前的瞬间，两脚蹬地同时收腹挺胸前迎，上体稍向后仰，成反弓状态，用胸部触球的后下中部，将球向自己的脸部斜前上方托起，然后快速衔接下一个技术战术动作。（图3-31）

图3-31 挺胸式接球技术示意图

② 易犯错误与纠正方法

● 易犯错误一：收胸式接球时未能在正确的时机收胸，缓冲效果不良。

纠正方法：两人一球，原地站立，一人双手持球推击接球队员的胸部。接球队员原地站立，挺胸前迎，使胸部向前略凸出身体的垂直部位，在球触胸部瞬间向后收胸缓冲，体会收胸的时机与触球的部位。

要求：接球队员双脚左右开立或前后站立，双腿要屈膝支撑身体，重心要保持平稳，两臂自然张开维持身体平衡。收胸时要同时收腹，持球推击的队员用力逐渐加大，并改推击同伴的胸部为掷平直球，让同伴收胸式接球。两人不断交替练习。

● 易犯错误二：挺胸式接球时未能将下颌（下巴）收紧，形成抬头动作，使挺胸动作受到影响。

纠正方法：每人一球，双手将球向上垂直抛起1.5~2m高，然后“低头”挺胸将球接在空中。

要求：接球时下颌（下巴）要收紧（形成低头动作），要将球托起在空中停留几秒钟。

● 易犯错误三：挺胸接球时向前上方的挺托动作不正确，未能使球向自己脸部的斜前上方托起，而是将球直接向前弹出，无法连接下一个动作。

纠正方法1：每人一球，双手将球向上垂直抛起，略高于自己的头顶，然后上体后仰挺胸将球向上托起。

要求：上体后仰时要保持身体重心平稳，双脚左右开立或前后站立均可。低头挺胸动作要注意球下落的时机，触球瞬间要屏息使胸廓固定。保证球在胸部前上方。

纠正方法2：后倒接球。两人一球，距离8~10m，一抛一接。

要求：接球队员在看到来球时，两脚前后站立（左右站立也可以），两脚跟均离开地面，两腿膝关节保持伸直状态，低头且上体向后倒形成弹性背弓，触球瞬间要屏息使胸廓固定，将球向胸部前上方托起。

6. 脚掌接地滚球、反弹球

（1）脚掌接地滚球

动作要领：根据需要，调整好身体状态与位置，面对来球，支撑脚站在球的侧后方，支撑腿膝关节微屈稳定支撑身体重心。接球脚屈膝前迎，脚尖翘起高于脚跟，脚跟离开地面的高度不超过20cm，踝关节适当紧张，用前脚掌触压球的正中前上方，将球控制在自己的控制范围之内，并快速衔接下一个技术战术动作。（图3-32）

图3-32 脚掌接地滚球技术示意图

（2）脚掌接反弹球

① 动作要领

根据需要，调整好身体状态与位置，面对来球，支撑脚位于球的落点的侧后方，屈膝稳固支撑身体重心。接球脚屈膝提起，踝关节适当紧张控制好脚形，在球触地反弹的瞬间，接球脚脚掌对准球的反弹路线，略向下触压球的后上部，将球接在自己需要的下一个动作的位置上，并快速衔接下一个技术战术动作。（图3-33）

图3-33　脚掌接反弹球技术示意图

② 易犯错误与纠正方法

● 易犯错误一：接地滚球时脚抬起过高，球从脚跟下漏过或形成向下踩球而使球停不稳。

纠正方法：脚掌向前推运球。每人一球，用脚掌向前推运球。

要求：运球脚脚尖要勾起，用脚掌触球的中上部位。左右脚均要练习。

● 易犯错误二：接反弹球时，落点和落地时间判断不准，使球漏过。

纠正方法1：自己抛球接反弹球。每人一球，原地双手持球向身前1米以内位置抛球到腰部高度，然后上步用脚掌接反弹球，将球向前推压成地滚球。

要求：抛球高度不要超过自己的头部，接球时判断好落点与脚掌推压球的时机与触球部位。脚掌触球瞬间，踝关节要保持适度紧张，以确保脚掌对球的控制。

纠正方法2：逐渐增加抛出球的弧线高度和距离的接球法。两人一球，距离保持在3~5m之内，一人抛膝关节高度的球，让接球者练习接反弹球，待接球者达到一定的熟练程度之后，增加抛出球的高度到头部，待达到一定的熟练程度之后，再次逐渐加大两人之间的距离和抛出球的高度，以不断提高练习者的难度。

要求：抛球者抛出球的落点在开始时要准确，以后抛出球的落点要有变化，同时抛出球的弧度也要不断改变，以使接球者能够对不同的来球进行判断。提高练习者的判断能力和接球技术。接球者要控制好接球脚形，触球时踝关节要保持适当紧张，脚跟离地不得超过20cm，触球部位要正确。对不同落点的来球能够快速移动，将身体位置调整到正确的支撑位置，并控制好身体重心。

7. 腹部接反弹球、低平球

（1）腹部接反弹球

动作要领：根据需要，调整好身体姿态与位置，接球者正对来球，判断好来球的落点与反弹角度，身体前倾，腹部对准来球，在球触到腹部的瞬间，腹部肌肉（腹前壁肌肉，如腹直肌等）保持紧张，推压球的中后部，将球控制在下一个动作需要的位置和控制范围内，并快速衔接下一个技术战术动作。在触球瞬间身体也可侧转，将球接向所需要的侧面。[1]（图3-34）

图3-34　腹部接反弹球技术示意图

[1]　全国体育学院教材委员会.体育学院专修通用教材.足球[M].北京：人民体育出版社，1992.

（2）腹部接低平球

① 动作要领

腹部接低平（腹部高度的）球往往来球突然，是在接球者来不及进行身体动作调整情况下完成的。面对突然来的低平球，腹部适度前挺且保持腹部肌肉紧张，当球触及腹部的瞬间，含胸和快速回缩腹部，将球控制在下一个需要的位置和范围内，并快速衔接下一个技术战术动作。（图3-35）

图3-35　腹部接低平球技术示意图

② 易犯错误与纠正方法

● 易犯错误一：接停反弹球时主要是对球的落点和反弹角度判断不正确，造成触球部位不准，导致接控球的运行方向不当。

纠正方法：两人一组，相距16m左右，一人掷界外高球，一人面对来球，以腹部接控反弹球。

● 易犯错误二：接停低平球时主要是挺腹收腹时机不当，造成触球部位不准，导致接控球的运行方向不当。

纠正方法：两人一组，相距1m左右，一人双手持球推击接球者的腹部，接球者则在球触击腹部过程中练习挺腹与收腹的动作与时机。两人要不断交换练习角色，逐渐增加推击力度，当接球者适应后，改推击为掷击。直至接球者能够在接球过程中正确完成挺腹收腹动作和控制挺腹与收腹的时机。

8. 头部接空中球

（1）动作要领

面对来球，调整好身体姿态和位置，用前额正面接触球的中下部，下颌微抬，两臂自然张开，提踵伸膝，触球瞬间全脚掌着地，屈膝、塌腰、缩颈，全身保持上述姿势下撤，将球控制在所需要的范围和位置上，然后快速衔接下一个技术战术动作。[1]（图3-36）

图3-36 头部接空中球技术示意图

（2）易犯错误与纠正方法

易犯错误：触球缓冲时机不当与缓冲动作不协调，造成控制球失误。

纠正方法：队员个人自抛高球，然后做头部缓冲接球练习。

要求：抛球高度开始时较低，逐渐增加抛球的高度。最后过渡到两人一组，一人抛传空中球，另一个人用头部接球。两人不断交换练习角色。

[1] 全国体育学院教材委员会.体育学院专修通用教材.足球[M].人民体育出版社，1992.

（四）接球基本动作训练方法示例

1. 提高队员脚内侧接停地滚球能力的训练方法示例

练习1  	目的：学习和掌握脚内侧接停地面球技术。 方法：两人一组在场地内面对面传接球，每位队员传完球紧接着停对面队员传来的地面球。 要求：脚内侧停球的姿势、部位要正确。 区域：30m × 30m 器材：球、标志服、标志桶、标志盘。
练习2  	目的：提高脚内侧停球的稳定性。 方法：两人一组在场地内传球，无球队员跑动接球，两人交替进行训练。 要求：跑动要及时，停球不要停在脚下，停球时注意观察。 区域：30m × 30m 器材：球、标志服、标志桶、标志盘。
练习3  	目的：提高有人逼迫时脚内侧停地面球的能力。 方法：在摆好的场地内进行一抢四练习，外面的队员一停一传，被抢到的队员里外轮换。 要求：外面对员必须两脚出球，一停一传。 区域：35m × 35m 器材：球、标志服、标志桶、标志盘。

2. 提高队员脚内侧接反弹球能力的训练方法示例

练习1 	目的：学习和掌握脚内侧接停反弹球技术。 方法：每人一球，用双手将球抛向空中，通过判断球落地的位置进行脚内侧停球。 要求： （1）停球的方向。 （2）停球前的观察。 （3）停球的部位。 区域：30m×30m 器材：球、标志服、标志桶、标志盘。
练习2 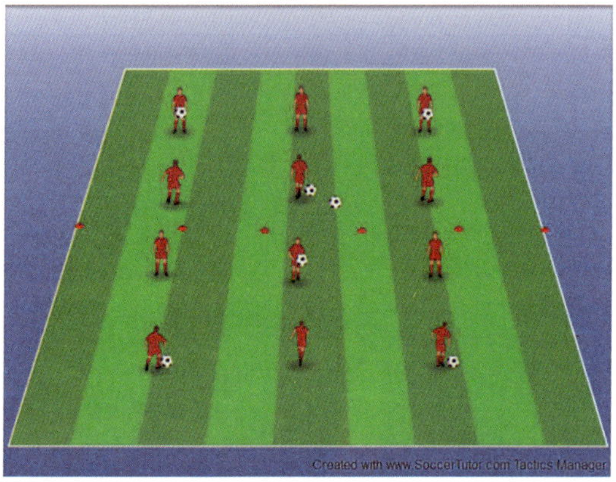	目的：提高脚内侧接停反弹球的稳定性。 方法：两人一组，一人用手把球抛向另外一名队员的斜上方，另一名队员根据位置选择左右脚内侧停空中球。 要求： （1）停球前的观察。 （2）停球的方向。 区域：30m×30m 器材：球、标志服、标志桶、标志盘。
练习3 	目的：在对抗中提高脚内侧接停反弹球能力。 方法： （1）三名队员一组。 （2）进攻队员通过运用左右脚内侧停球摆脱后面防守队员射门得分，3人轮换进行。 要求： （1）停球前的摆脱。 （2）停球时的方向。 区域：35m×30m 器材：球、标志服、标志桶、标志盘。

3. 提高队员脚内侧接空中球能力的训练方法示例

练习1 	目的：学习和掌握脚内侧接停空中球的技术。 方法：8~10人一组，圆圈外面队员用手抛球，里面的队员随意跑动接球，接球时用脚内侧接停后传给圆圈外面队员。 要求： （1）停球的部位。 （2）判断球的落点。 区域：15m×20m 器材：球、标志服、标志桶、标志盘。
练习2 	目的：提高脚内侧接停空中球的准确性。 方法：两人一组，一人抛球，另外一名队员迎上去用脚内侧接球后迅速后退到标志物，然后侧面移动到下一个空当，直到一排做完，轮换。 要求： （1）判断球的落点。 （2）停球的力量。 区域：15m×15m 器材：球、标志服、标志桶、标志盘。
练习3 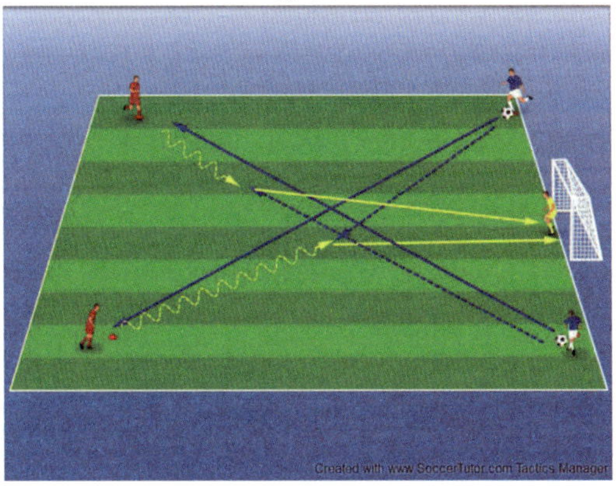	目的：在对抗中提高脚内侧接停空中球的能力。 方法：两人一组，一人站在底线拿球长传到斜对面，队友利用脚内侧接球后，迅速带球突破队友射门，轮换练习。 要求： （1）停球的力量。 （2）停球前的判断。 （3）停球后的连贯动作。 区域：30m×30m 器材：球、标志服、标志桶、标志盘。

4. 提高队员脚背外侧接地面球能力的训练方法示例

练习1 	目的：学习和掌握脚背外侧接停地面球技术。 方法：两人一组一球，在20m×20m区域内跑动中用脚内侧传球，另外一名队员用脚外侧接球后传给另外一名队员。 要求： （1）接球的部位。 （2）接球的重心。 （3）接球前观察。 区域：20m×20m。 器材：球、标志桶、标志盘。
练习2 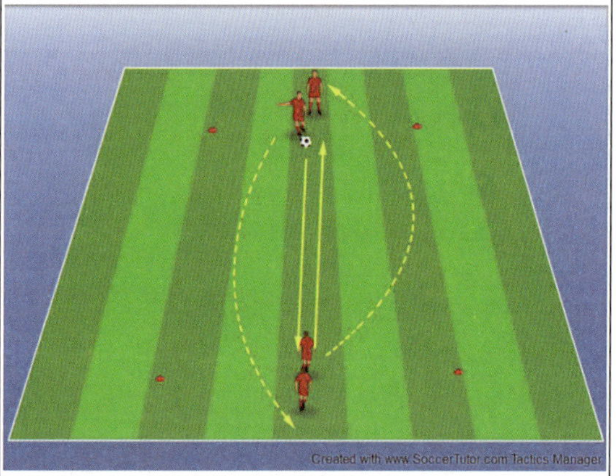	目的：提高脚外侧停球的质量。 方法： （1）四人一组，竖排站立，四人分两边站好。 （2）所有队员用脚外侧停球，传完球跑向对侧等候。 要求： （1）停球的力度。 （2）停球的方向。 （3）停球前观察。 区域：20m×20m 器材：球、标志服、标志桶、标志盘。
练习3 	目的：在对抗中合理运用脚外侧停球。 方法：在区域里5 vs 5，接球时利用脚外侧停球将防守队员摆脱，传够20脚得一分，或者利用脚外侧摆脱对方队员也将得一分。 要求： （1）停球前的观察。 （2）停球时机。 （3）停球的方向。 区域：20m×20m 器材：球、标志服、标志桶、标志盘。

5. 提高队员脚背外侧接空中球能力的训练方法示例

练习1 	目的：学习和掌握脚背外侧接空中球技术。 方法： （1）8~10人分两组，圈外队员每人一球，在直径15~20m 圆圈内跑动中用脚背外侧接空中球（圈外队员手抛球）。 （2）交换。 要求： （1）停球部位准确。 （2）判断好停球落点。 区域：15m×20m 器材：球、标志服、标志桶、标志盘。
练习2 	目的：强化对抗条件下脚背外侧接空中球的能力。 方法： （1）在40m×40m区域内1 vs 1攻防。 （2）持球队员将球高高抛起；停球队员正面或背向运用脚背外侧停空中球（交替进行）。 要求： （1）判断停球落点，停空中球力求一次到位。 （2）停球后迅速离开原地。 区域：40m×40m 器材：球、标志服、标志桶、标志盘。
练习3 	目的：进一步提高队员在对抗条件下脚背外侧接停空中球的能力。 方法： （1）在30m×25m区域内进行1 vs 1攻防三小门练习。 （2）传球队员用脚背内侧长传空中球；接球队员运用脚背外侧停球并迅速完成射门。 （3）一段时间后交换攻防角色；防守队员只有在传球队员将球传出后才能上抢。 要求： （1）判断停球落点。 （2）停高空球力求一次到位；停球后迅速离开原地。 （3）将空中球停在身体可控范围内；停球要为下一次技术动作做准备。 区域：40m×40m 器材：球、标志服、标志桶、标志盘。

四、运球基本技术动作概念与动作要点

（一）运球基本动作概念、作用、特点

1. 运球的概念

运球是指有球队员用脚以连续推拨触球的方式将球控制在自己的控制范围内的移动动作。

运球过人：运球过人是指有球队员以运球方式越过防守队员时的运球行为。

运球突破：运球突破是指有球队员以运球方式越过了对方最后防守线（除去对方守门员）时的运球行为。

2. 运球的作用

（1）调整和控制进攻的节奏，保护控球权。

（2）是有效调动对方的基本手段。

（3）是突破对方密集防守，获得射门机会的重要且关键手段。

3. 运球的方法

比赛中运动员常用的运球方法主要有脚内侧运球、脚背正面运球、脚背外侧运球、脚背内侧运球及脚掌拖拉球。

4. 运球技术运用特点

（1）比赛中直线运球时多采用脚背正面和脚背外侧运球技术动作。

（2）曲线运球时，多采用脚背外侧和脚内侧、脚背内侧运球技术动作。

（3）需要身体掩护球时，多采用脚背外侧和脚内侧运球技术动作。

（4）高速移动中多用脚背外侧与脚背正面运球技术动作，运球触球的动作频率节奏较均匀、方向变化较少。

（5）运球过人和突破时，队员运球时的触球频率快、推拨球的距离小，方向变化多，运球移动的速度快慢变化多。

（二）运球基本动作结构

一个完整的运球技术动作通常由脚触球前的跑动调整、以脚触球、触球后的衔接动作三个环节构成。

1. 脚触球前的跑动调整

在这一环节要完成以下几方面的调整与准备：

（1）运球方法选择与准备。这种选择要根据运球的目的和场上的实际空间与时间条件来考虑。

（2）人与球的位置关系调整与准备。队员在触球前的跑动过程中，一般是以小步幅、快频率、低重心的方式进行人与球的位置关系调整。这种跑动方式可以使队员在运球过程中始

终保持髋部动作灵活以使身体重心移动便捷（快速变向和突然转身等），可以为队员更加灵活地改变运球节奏和运球方向提供身体位置与状态的有利基础。

2. 脚触球

脚触球决定了球的运行速度与方向，决定了运球的质量。因此，在脚触球时要做好以下几个细节：（1）要控制好球运行的速度，触球用力的方式与用力程度都要精心实施。一般应以柔和的方式向前推拨球或推送球，以保证球始终处于运球者能够先于对方再次触到球的有利控制范围与位置状态。（2）要控制好球运行的方向，选择以脚的什么部位触击球的什么部位这两个方面极为关键。脚的部位选择正确可以保证运球动作的合理性更高，触球的部位选择正确可以保证改变运球方向的效果更好。一般向运球者支撑脚一侧变向时多选择脚内侧或脚背内侧触击球的外侧（触球脚一侧）中上部或外侧中前部（回扣时），在向运球脚一侧变向时，多选择以脚背外侧触击球的内侧（支撑脚一侧）中上部或内侧中前部（回扣时）。（3）脚触球时要保持踝关节的适度紧张以保证用正确的脚形触球。（4）做好支撑脚脚尖在脚触球时向球移动的方向转动和身体重心向有球方向的跟进。

3. 触球后的衔接动作

触球后的衔接动作好坏取决于3个方面：（1）运球脚触球后的落地速度与位置；（2）支撑脚在触球前的位置与身体姿势；（3）运球者身体平衡与协调能力的高低，主要体现在运球脚在触球与支撑过程中维持身体重心平衡与保持身体动作协调方面。

（三）运球基本动作方法

1. 脚内侧运球

（1）动作要领

脚内侧运球是运球技术中最慢的一种。它常常是在边线附近或者一些死角区域内需要用身体作掩护时采用的运球方法。以侧身转体的姿势挤靠住对方的防守队员，以保证球不易被对方队员抢走。另外，用脚内侧运球走“之”字形路线。

运球时，支撑脚稍向前跨，踏在球的前侧方，膝关节弯屈，上体前倾并向运球脚一侧转体（形成侧身运球的状态），运球脚提起，用脚内侧部位推拨球的中后部。（图3-37）

图3-37　脚内侧运球技术示意图

图3-37 脚内侧运球技术示意图（续）

（2）易犯错误

易犯错误：上体侧转不够，身体重心降不下去，护不住球。

（3）纠正方法

● 纠正方法1：转压肩运球。每人一球，脚内侧运折线球。

要求：在运球时要求队员支撑脚屈膝的同时，同侧的肩向运球脚一侧转压。

● 纠正方法2：挤靠对手运球。两人一组，一人在运球队员支撑脚一侧的侧前方进行阻挡，另一人脚内侧运球走折线，并用身体挤靠住防守的队员。

要求：防守队员先做消极防守，逐渐加大防守的力度。运球队员要在身体挤靠住防守队员的同时将球向前运，并要走折线。左右脚均要练习，两人交替练习运球与防守。

● 纠正方法3：先跨后运练习。每人一球，脚内运球走直线。

要求：运球时，上体向有球一侧转，身体重心下降。支撑脚先向前跨出一步，并屈膝支撑身体重心护住球向前运行的路线，然后运球脚以脚内侧推拨球向前。依次跨步、运球不断交替。左右脚均要练习。

2. 脚背内侧运球

（1）动作要领

跑动时，身体自然放松，步幅要小，上体前倾并稍向运球方向转动。运球脚提起时，膝关节稍弯曲，脚跟提起，脚尖稍外转，在向前迈步的过程中用脚背内侧推拨球向前，脚背内侧运球常常是在向支撑脚一侧变向时运用，运球时常走“之”字形路线。

（2）易犯错误与纠正方法

● 易犯错误一：上体没有向运球方向侧转和前倾，触球时用力过猛，形成踢球。

纠正方法：“之”字形走动中运球。每人一球，在走动中运球走“之”字形路线。

要求：脚触球时踝关节要适当紧张，触球动作用力要柔和，努力使脚与球的接触时间延长一些。同时上体向有球方向转动并使身体重心前倾。左右脚均要练习。当走动中能够较正确地完成练习时可逐渐加大运球的走动速度，直至跑动中完成运球练习。

● 易犯错误二：向内扣球变向时，踝关节没有控制动作，扣球部位不当（球没有扣回来）。

纠正方法：运直线接扣停球练习。每人一球，用脚背正面运直线球，听教练员口令用脚背内侧将球扣停在自己的脚下。

要求：扣球后球的运行路线必须改变角度超过90°，即至少是横向改变运行路线。扣球脚要触扣球的侧前方，脚尖下指，踝关节要适当紧张用力，有所控制。将球扣在支撑脚脚尖外侧前方20cm以内位置。左右脚均要练习。

● 易犯错误三：向内扣球转身变向时，支撑脚支撑身体重心不力，身体重心在扣球前就移动到扣球脚上，造成扣球脚动作摆动不自由且扣球动作笨拙，同时还形成球向支撑脚方向滚动，而身体却向支撑脚一侧移动的人球分离的状态。

纠正方法1：慢跑中扣定位球。每人一球，放在原地不动。扣球队员从距离球2~3m处慢跑至距离球约一步位置时，支撑脚屈膝支撑身体，身体重心向支撑脚方向倾倒，扣球脚前伸扣球，将球扣到支撑脚脚尖前约20cm之内位置。

要求：扣球时的身体重心仍然要保持在支撑脚上，并且要向扣球方向移动倾斜。支撑脚脚尖要尽量保持与出球方向相同，屈膝支撑身体重心。扣球脚脚掌不得着地，只允许扣球脚脚尖点地。左右脚均要练习。

纠正方法2：慢跑中扣球转身180°。每人一球，先用脚背正面或脚背外侧运直线球，听到教练员口令后快速扣球转身180°，然后继续运直线球，再听教练员的口令反复练习扣球转身。

要求：支撑脚屈膝支撑身体重心，脚尖要尽量保持与出球方向相同，扣球时的身体重心仍然要保持在支撑脚上，并且要向扣球方向移动倾斜。扣球脚靠小腿摆动前伸和踝关节的控制扣球，扣球脚脚掌不得着地，只允许扣球脚脚尖点地，扣球后的连接动作要快速协调，左右脚均要练习。

3. 脚背外侧运球

（1）动作要领

跑动时，身体自然放松，上体稍向前倾，步幅要小。运球脚提起时，膝关节弯曲，脚跟提起，脚尖稍内转，在向前迈步的过程中用脚背外侧部位推拨球的中后部向前。（图3-38）

脚背外侧运球多前方纵深距离较大需要快速运球跑或突破时在快速跑动中用，另外就是需要向运球脚一侧转身变向时运用。

（2）易犯错误与纠正方法

● 易犯错误一：脚触球时踝关节没有保持适当紧张，造成触球部位不当。

纠正方法：大步走运球。每人一球，在走动中向前运球。

要求：每次向前走的步幅要尽可能地大，且脚与球的接触时间尽可能地延长。

● 易犯错误二：触球时用力过猛，形成踢球。

纠正方法：限制性运球练习。在20m长的直线上均匀地摆放标志物，每个标志物之间的距离为1m。每人一球，慢跑中运球。

要求：每到一个标志物位置点运球脚必须触球一次。触球时踝关节要适当紧张，用力要柔和，要推拨球向前。左右脚均要练习。以后逐渐加大运球跑动的速度。

图3-38 脚背外侧运球技术示意图

● 易犯错误三：向外扣球（变向）时支撑脚的位置在球侧后的距离过大，造成身体动作不协调，连接动作不连贯。

纠正方法1：脚背外侧运球走三角形。用6根标志杆（1.5m以上高度）摆出一个边长为5~8m的等边三角形。在每个顶点摆两根标志杆，两根杆（在同条边线上）之间的距离在50~80cm。

要求：运球队员快速运球，到三角形顶点时要突然用脚背外侧扣球变向。扣球变向时支撑脚要向球的斜前外侧跨步支撑，以减少扣球脚在扣球时的难度和身体的旋转程度。开始时运球速度可以较慢，以后逐渐加大运球速度。左右脚均要练习。

纠正方法2：脚背外侧扣球转身180°。每人一球，先用脚背外侧运直线球，听教练员的口令后快速扣球转身180°向回运直线球。

要求：扣球转身时要快速突然，支撑脚的位置要跨到球的侧前方。踝关节要有向回拨球的动作。左右脚均要练习。

4. 脚背正面运球

（1）动作要领

跑动时，身体自然放松，上体稍向前倾，步幅要小。运球脚提起时，膝关节弯曲，脚跟提起，脚尖稍下指，在向前迈步的过程中用脚背正面部位推拨球的中后部向前。

脚背正面运球多在前方纵深距离较大，需要快速运球跑或突破时在快速跑动中运用。

（2）易犯错误与纠正方法

● 易犯错误一：脚触球时踝关节没有保持适当紧张，造成触球部位不当。

纠正方法：大步走运球。每人一球，在走动中向前运直线球。

要求：运球脚向前迈步时脚跟要提起，尽可能地延长脚与球的接触时间。

● 易犯错误二：触球时用力过猛，形成踢球。

纠正方法：限制性运球练习。在20m长的直线上均匀地摆放上标志物，每个标志物之间的距离为1m。每人一球，慢跑中运球。

要求：每到一个标志物位置点运球脚必须触球一次。触球时脚尖下指，踝关节适当紧张，用力柔和，推拨球向前。左右脚均要练习。以后逐渐加大运球跑动的速度。（图3-39）

图3-39　脚背正面运球技术示意图

5. 脚掌拉球

拉球一般是指队员一脚支撑身体，用另一只脚掌放在球体上部或侧前部，踝关节保持适度紧张，脚掌用力下压，将球由前向后或由左向右（或相反方向）做拖拉动作。拉球后往往接脚内侧运球或脚背外侧运球动作，当然也可衔接其他动作。

（1）动作要领

① 支撑脚支撑位置选择和支撑脚尖随球转动要合适；② 触球脚的部位与触球的部位控制要适当；③ 触球脚掌用力下压加力动作要明确；④ 回拉动作速度与方向控制要合理。（图3-40）

图3-40 脚掌拉球技术示意图

（2）易犯错误与纠正方法

● 易犯错误一：拉球没有速度或者是球从脚掌下滑脱造成失误。

这主要是没有将拉球脚的前脚掌放在球的前上方和在拉球时踝关节没有紧张用力造成的。

纠正方法：踩拉球练习。每人一球，将球放在原地。然后用脚掌踩拉球。

要求：拉球脚必须是将脚掌放在球的正前上部（或者将拉球脚的脚弓放在球中上部）。拉球时，踝关节向下压绷脚背，用脚掌压拉球滚动。左右脚均要练习。拉球方向可以不断变化。

● 易犯错误二：拉球时髋关节随球转动不够，影响拉球变向角度的幅度。

纠正方法："极限拉球"。球放在队员支撑脚外侧，然后用一只脚横着拉球到拉球脚向外伸展可以达到的最大幅度。左右脚交替进行。

6. 扣　球

扣球是指运球队员在控运球情况下，为改变球运行的方向而快速或突然采用脚背内侧或脚背外侧触击球的外侧中部或内侧中部的动作方法。通常以脚背内侧完成的扣球动作称为向内扣球，以脚背外侧完成的扣球动作称为向外扣球。（图3-41）

图3-41　扣球技术示意图

（1）动作要领

① 支撑脚在球的侧面适当位置屈膝支撑身体重心。向内扣球时，支撑脚全脚掌着地落在球的内侧后方、脚尖适当指向扣球方向，屈膝支撑身体重心；向外扣球时，支撑脚全脚掌着地，尽量落在球的前外侧方，脚尖适当指向扣球方向，屈膝支撑身体重心；② 身体重心下降并要向扣球后球的运行方向倾斜；③ 以小腿带动踝关节发力，用脚背内侧或脚背外侧触击球的外侧或内侧。触球时，踝关节要保持适度紧张，控制好触球脚形与触球部位。与此同时，支撑脚脚尖向球运行的方向转动，带动下肢和躯干转向球运行方向；④ 扣球脚触球后顺势迅速落地支撑身体重心，而支撑脚则快速抬起衔接运控球。

（2）易犯错误与纠正方法

● 易犯错误一：向外扣球时，支撑脚的位置离球较远，造成髋关节处于“绞锁”状态，进而造成扣球动作笨拙，连接动作困难。

纠正方法1：一人一球，慢跑中用左右脚外侧扣球走“弓”字，扣球时要求支撑脚落地的位置要保持在球前沿与后沿之间的位置内，甚至超过球的前沿。

纠正方法2：一人一球，跑动中用左右脚外侧扣球走“之”字，扣球时要求支撑脚落地的位置要保持在球前沿与后沿之间的位置内，甚至超过球的前沿。

● 易犯错误二：向内扣球时，支撑腿没有屈膝稳定支撑身体重心并使身体重心向扣球后球运行方向倾斜，同时支撑脚脚尖没有随着扣球的动作向球的运行方向转动，造成扣球者身体重心移动方向与球体移动方向相反的状态。

纠正方法1：慢跑中做徒手模仿扣球转动支撑脚尖的练习。

要求：扣球脚模仿扣球动作时身体重心仍旧要保持在支撑腿一侧，但此时支撑腿要在屈膝稳定身体重心状态下将支撑脚脚尖转向模仿扣球后球的运行方向。

纠正方法2：3~5m扣球折返跑练习。一人一球，跑动中只能用左或右脚背内侧连续扣球。以最快的速度完成4次扣球，然后换一只脚练习。

● 易犯错误三：向内扣球变向发力动作以大腿髋关节转动为主要方式，造成扣球动作幅度大、速度缓慢，意图暴露过早。

纠正方法1：斜身扣球。扣球前身体重心向出球方向尽量倾斜，屈膝支撑身体平衡。以左脚或右脚脚背内侧快速扣球变向。

纠正方法2："并腿并膝"扣球（限制触球脚大腿向外侧摆动）。扣球前身体重心向出球方向尽量倾斜，屈膝支撑身体平衡，扣球过程中触球脚的大腿不得外展（向外侧摆动），尽量保持左右腿的大腿靠近，以左脚或右脚脚背内侧快速扣球变向走"之"字线和折返线。

● 易犯错误四：扣球时脚部踝关节适度紧张控制不好，脚形不固定，导致触球效果较差。

纠正方法1：原地以单脚或双脚脚背内侧和外侧快速来回拨球，并逐渐过渡到慢跑中进行。

纠正方法2：原地快速连续扣球绕"8"字和"0"字。

● 易犯错误五：扣球时脚触球的部位不当，造成球变向的角度和运行速度不理想，进而造成球易被对手破坏或抢走。

纠正方法1：原地快速连续扣球绕"8"字和"0"字。

纠正方法2：慢跑中连续扣球走"之"字线，逐渐增加到扣球90~180°折返线。

7. 挑 球

挑球是一种将地面静止的球挑起到空中的技巧。对进一步熟悉球性的颠球动作有很大的帮助。对初学者来说，也是进行颠球练习入门的第一步。挑球时，踝关节要适当紧张，脚尖与脚背快速插到球的中下底部，然后向上勾起挑球。身体重心要稳定，支撑脚（前后与左右）要保持在距离球适当（一般不超过25cm）的位置。

（1）动作要领

① 脚尖向下插入动作要稳和准确；② 利用踝关节和小腿上挑动作要快速协调；③ 脚尖与球的接触部位要正确；④ 支撑脚离球的位置要合适，不能太远或太近。（图3-42）

（2）易犯错误与纠正方法

● 易犯错误一：踝关节不能适当紧张，脚尖向上勾的动作速度不够也不协调，触球部位不当。

纠正方法1：两人一球，相对站立，距离2~3m。球放在原地，静止不动。一人用一脚将球挑起传给对面的同伴。对面同伴接球后将球放好，再将球挑传回来，两人不断挑传练习。

要求：挑球时，踝关节要适当紧张，脚尖要向下伸到球的中下底部。向上挑起时要注意控制用力的大小，脚尖向上勾起速度要快，使球能够落在同伴的脚下。左右脚均要练习。

图3-42　挑球技术示意图

纠正方法2：每人一球，球放在原地。用一脚将球挑起离开地面。

要求：支撑脚要站在球的侧后方不超过20cm的位置，左右距离也在20cm之内。向上挑球时，脚尖快速插到球的中后下部并快速向上勾挑。左右脚均要练习。

纠正方法3：每人一球，球放在原地。用一脚掌将球向回拉动，然后再快速将球挑起来离开地面。

要求：支撑脚要站在球的侧后方不超过30cm的位置，左右距离在20cm之内。向回拉球后，脚尖快速插到球的中后下部，并快速向上勾挑。左右脚均要练习。

纠正方法4：挑球过头项练习。每人一球，将球放在原地。然后用力将球挑过自己的头项。

要求：支撑脚要站在球的侧前方约15cm的位置，挑球脚踝关节适当紧张，脚尖要快速插到球的中下底部，直腿快速向上挑起。左右脚均要练习。

● 易犯错误二：挑球后的下一个衔接动作迟缓，造成要多做其他调整动作或控制球权丢失。

纠正方法：挑接反弹球。队员向前挑球，并快速跟进，在球落地时接反弹球到自己控制范围内。

8. 拨　球

拨球是指队员在运球过程中以踝关节转动发力为特点，以脚背内侧、脚内侧及脚背外侧触球的动作。以脚内侧和脚背内侧拨球的动作称为向内拨，以脚背外侧拨球的动作称为向外拨。

（1）动作要领

① 支撑腿屈膝稳定支撑身体重心，支撑脚站在球的侧后方适当位置（一般应在半步距离之内较好）；② 触球脚向球的外侧或内侧前伸并保持踝关节适度紧张；③ 以踝关节向左右转动的方式用脚内侧、脚背内侧，或者是脚背外侧触击球的内侧中部或外侧中部，将球向左或右侧拨动变向。④ 身体重心快速跟上，并衔接下一个技术战术动作。（图3-43）

图3-43　拨球技术示意图

（2）易犯错误与纠正方法

● 易犯错误一：拨球部位或动作不当，造成球体改变的方向路线与运行速度不理想。

纠正方法1：加强踝关节力量与灵活性练习。如用踝关节绕动写自己的名字或26个英文字母等。

纠正方法2：原地单脚不落地以踝关节转动方向回拨球。

纠正方法3：慢跑中单脚连续左右拨球练习。

● 易犯错误二：拨球后的连接动作迟缓，身体重心跟不上造成再次控球困难或失误。

纠正练习：走步式拨球练习。队员在走动中用左右脚交替拨球前进，左右脚依次交替中间不能有间隔。然后过渡到跑动中进行。

（四）运球过人/突破

1. 运球过人/突破分析

运球过人/突破是指控球队员通过多个运球动作方法的组合使用，并结合身体的各种假动作，形成速度变化、方向变化、动作变化，从而越过了防守队员或守方最后防守线的运球动作行为。

（1）运球过人/突破的作用

运球过人/突破最主要是达到造成防守队员产生错误判断与行动，失去防守的合理有效位置和时间，使运球者本人运球越过防守队员或防守的最后防线，创造出更好的传球条件和射门条件的进攻战术局面。

（2）运球过人/突破的基本结构

① 运球接近防守对手。在运球接近对手时，要降低身体重心，触球力量要柔和，以小步幅快节奏的方式控制好人与球的位置关系。同时根据场上实际情况，有意识向某一区域或方向运球以调动防守队员，达到使防守队员离开原来的有利位置或区域、或者使防守者身后的空间增大、或者使防守者之间的保护与联系位置处于较为松散状态、或者使防守者的身体姿态处于较被动状态。② 实施过人动作。实施过人动作时要保持好与防守队员的距离，一般在防守队员的一步距离之处或一大步距离之处较好。真假动作要真真假假、虚虚实实，要做到假动作要真，真动作要快。快速多变协调地改变球的方向和速度，迫使防守队员产生判断与行动错误，从而将球与人从防守队员一侧越过。③ 越过防守后的衔接动作。越过防守队员不是最终目的，而是要进行更好的传球或射门。因此，在运球越过防守队员后要尽快衔接下一个动作，完成传球或射门。同时注意利用身体位置防止防守队员对球的再次抢夺和破坏。

（3）运球过人/突破的要点

① 目的。比赛中的主要目的是创造更好的传球机会或更好的射门机会，控球队员应根据实际情况做出判断，选择确定运球过人/突破的目的。② 时机。时机是由于控球队员与防守队员在判断和行动的变化而出现了“一种有利于运球突破的时空差异。这种时机极为短暂，稍纵即逝。因此，运球队员首先要有创造机会的主动意识，其次要积极预测这种机会的出现时机，最后应能不失时机地把握住这种机会”。③ 距离。运球过人/突破的距离是指在运球过人 / 突破前的瞬间，运球队员和球与防守队员之间的间隔距离。合理的运球/突破距离应是球离防守队员有一大步或大半步的距离，而运球队员距离球只有半步或更小的距离，保持这种距离位置状态，会“使对手感觉他能够抢到球，但实际上又不可能先于自己触到球的一种距离。这种距离上的错觉，往往会诱使防守队员盲动而陷入被动境地”。④ 速度与方向的变化。速度与方向的变化是运球过人/突破的核心手段，最关键的是速度与方向变化过程中运突动作的突然性、灵活性、多变性和连续性。保持一种球随人动，人随球走的连续不断、突然快速改变运球方向与运球速度的状态，会迫使防守队员手忙脚乱、猝不及防或防不胜防。在

这种球随人动，人随球走状态下运球，保持身体重心平稳和灵活改变的身体协调控制能力具有重要作用。

2. 运球过人/突破方法

比赛中运动员运用运球过人/突破的方法大致可分为假动作过人/突破、变向运球过人/突破、变速运球过人/突破、强行突破运球过人/突破、人球分过运球过人/突破这几种。

（1）假动作运球/突破

假动作运球/突破是指控球者通过身体重心的左右晃动，结合球的运行在前后左右方向上的虚假变化和变速，以及触球动作的虚假动作，造成防守队员不知所措、犹豫不决和贸然盲动失去身体重心和防守位置，从而使自己越过防守队员或者防守最后防线的动作行为方法。

假动作过人突破的要点：① 做动作的距离要合适，距离太远防守队员不理你，没有效果。距离太近防守队员容易伸脚抢到或破坏到球；② 真真假假，虚虚实实。假动作要真，要给防守队员产生第一反应的时间。真动作要快，真假动作衔接要快。在防守队员产生第二反应前完成衔接动作越过防守队员；③ 控制好身体与球体的紧密结合。要防止身体晃动时失去对球的控制和对身体重心的控制。在控制好球的同时调动防守队员使其产生位置错误或重心错位。

（2）变向运球过人/突破

变向运球过人/突破是指控球者利用灵活的步法和娴熟的运球技术，不断改变球的运行方向路线，迫使防守队员在左右交替移动过程中出现防守重心和防守位置错误，使自己利用防守队员出现的错误越过防守队员或防守最后防线的动作行为。

变向运球过人/突破的要点：① 脚下步幅要小，步频要快，步法要灵活，身体重心要适当降低；② 变向触球要轻，变向动作要突然且连续，角度要合理；③ 身体重心要随球灵活快速变化。

（3）变速运球过人/突破

变速运球过人/突破是指控球者利用运球速度快慢交替变化，形成与防守队员出现“你快我慢”或“你慢我快”的相反动作速度节奏，打乱防守队员的速度节奏，并利用这种速度节奏差异产生的空间位置差异与动作行为实施的时间差异越过防守队员或者是最后防线。

变速运球过人/突破的要点：① 节奏变化要鲜明，做到骤停疾起；[1]② 节奏变化要突然、没有规律，使防守队员不易判断你的变化；③ 充分利用优先触球的主动权条件调动防守队员。

（4）强行突破运球过人/突破

强行突破是指控球队员利用其在运球过程中的已有速度优势，或者是通过爆发式起动，突然加速运球超越防守队员的动作行为。

[1] 王崇喜. 普通高等教育“十五”国家级规划教材. 全国普通高等学校体育教学指导委员会审定. 高等学校教材球类运动—足球[M]. 北京：高等教育出版社，2005.

强行突破的要点：① 保持最大的速度控制好球；② 防守队员身后应有较大的纵深空间；③ 越过防守队员后要尽快利用身体位置阻止防守队员再次抢球和破坏。如与防守队员形成前后一条直线。

（5）人球分过运球过人/突破

人球分过运球过人/突破是指控球队员根据防守队员的身体姿势和位置状态，将球从防守队员胯下或身体一侧推过，自己从防守队员身体另一侧越过的动作行为。

人球分过运球过人/突破的要点：① 推球动作要突然且隐蔽；② 球的运行速度与路线要合理，要保证控球队员越过防守队员后能再次控制到球；③ 控球队员推球后的起动超越对手要坚决果断，跑动路线要合理。

（五）运球基本动作训练方法示例

1. 提高队员脚内侧运球能力的训练方法示例

练习1 基本技术  	目的：初步学习和掌握脚内侧运球。 方法：每人一球，两脚的内侧依次触球，进行练习。 要求： （1）注意力集中，认真。 （2）注意脚接触球的位置。 区域：1/2足球场。 器材：球。
练习2 运球接力 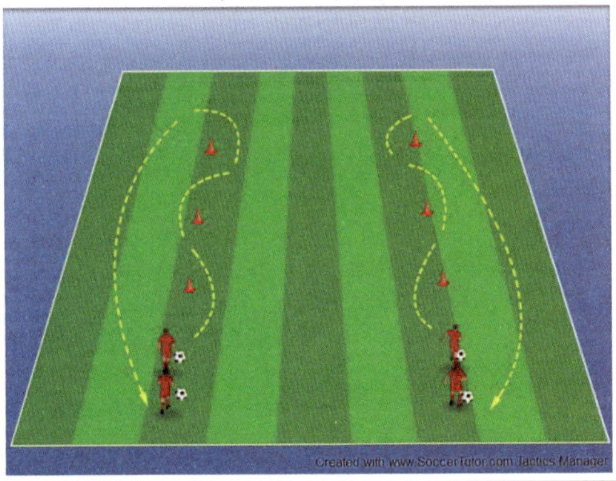 	目的：提高脚内侧运球精准水平。 方法：每人一球，用脚内侧“蛇”形运过标志桶，到终点运球慢跑折返回到起点，交替练习。 变化：教练员提示后，进行接力比赛。 要求： （1）身体和球尽量不要触碰到标志桶。 （2）注意控制每次触球的力量。 区域：1/2足球场。 器材：球、标志桶。

比赛	
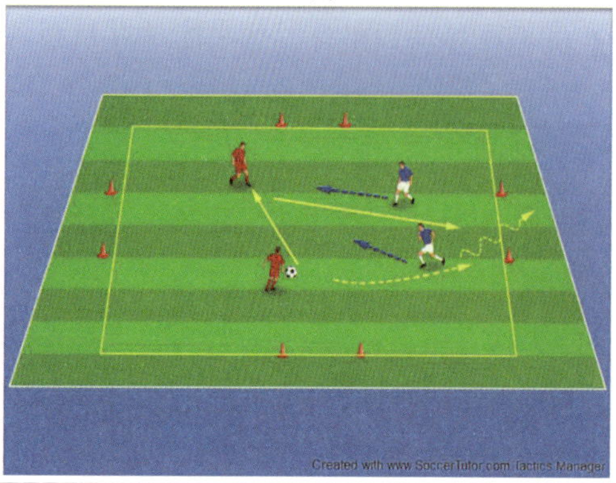	目的：提高对抗中脚内侧运球技术能力。 方法：比赛，场地4个球门，进攻持球队员，将球运过远离自己的任意3个球门，视为得分。 要求： （1）注意脚内侧运球的方向。 （2）提示队员多用脚内侧变向。 （3）防止受伤。 区域：25m×25m。 器材：球、标志服、标志桶。

2. 提高队员脚背内侧运球能力的训练方法示例

练习1	
	目的：初步学习和掌握脚背内侧运球技术。 方法：在区域内，每人一球，进行脚内侧自由运球训练。 要求： （1）身体放松，注意脚触球部位。 （2）尽量不要让球出指定区域。 区域：1/2足球场地。 器材：球、标志桶。
练习2 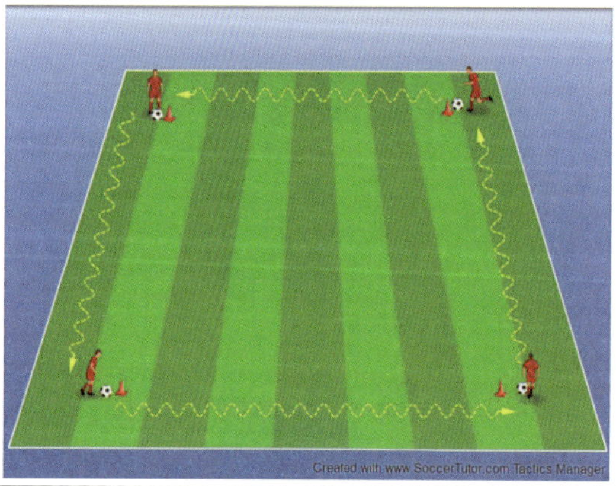	目的：进一步提高脚背内侧运球准确性。 方法：队员分别位于4个标志桶位置，每人一球，提示后，同时将球运向下一个标志桶位置停住（逆时针方向），等待下次提示循环练习。 变化：教练员提示后进行运球追逐，直到追上前面的队员再停止。 要求： （1）在跑动中完成运球，不要走。 （2）运球时注意控制力量。 区域：20m×20m。 器材：球、标志盘。

运球比赛 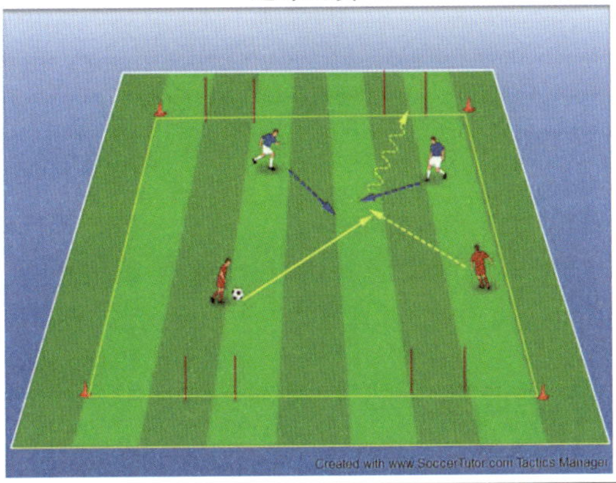 	目的：提高对抗下脚背内侧运球能力。 方法：2 vs 2比赛，每方两个球门，带球运过对方任意球门视为得分。 要求： （1）注意有对抗情况下控制好足球。 （2）注意运球的方向。 （3）提示队员防止受伤。 区域：25m × 25m。 器材：球、标志服、标志桶、角旗杆。

3. 提高队员脚背外侧运球能力的训练方法示例

练习1  	目的：初步学习脚背外侧运球技术。 方法：每人一球，场地内自由运球练习。 要求： （1）身体放松。 （2）注意触球部位。 区域：1/2足球场地。 器材：球。
练习2 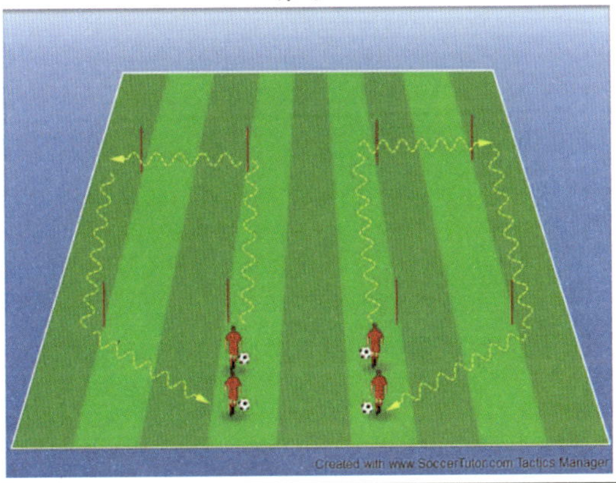 	目的：进一步掌握脚背外侧运球技术。 方法：分为两组，每组分别由各自起点，运球绕过3个标志桶，回到起点，交替练习。 变化：教练员提示后，进行接力比赛。 要求： （1）注意触球的力量。 （2）尽量使用脚背外侧完成整个训练过程。 （3）教练员注意训练一段时间后，两组换位。 区域：15m × 15m。 器材：球、标志桶。

练习3 运球比赛	
	目的：提高在对抗情况下完成脚背外侧运球技术。 方法：分为两组，各组每次出1人，进行1vs1比赛，运球通过左右两侧的任意球门为得分。 要求： （1）注意运球的方向。 （2）教练员多鼓励队员运用脚背外侧运球技术。 （3）防止受伤。 区域：15m×20m。 器材：球、标志桶。

4. 提高队员脚掌拉球、拨球能力的训练方法示例

练习1	
	目的：初步学习脚掌拉球、拨球技术。 方法：每人一球，交替练习脚掌拉球、拨球技术。 要求： （1）注意力集中。 （2）注意触球的部位。 区域：1/2足球场地。 器材：球。
练习2 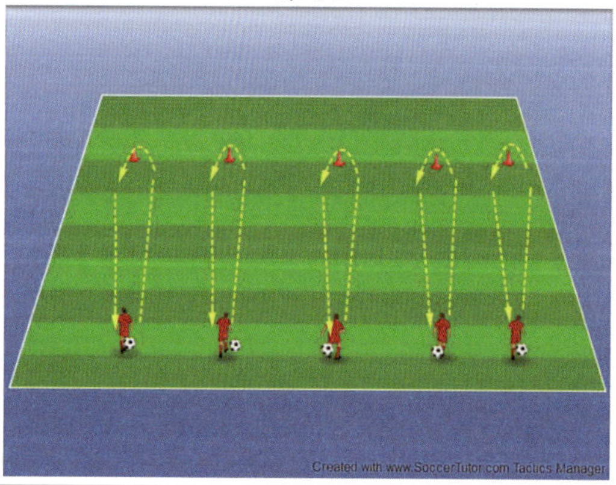	目的：掌握运动中各种部位运球技术。 方法： （1）每人一球，在两标志桶之间运球练习（向前、向后）。 （2）运用脚掌拉球、拨球技术。 变化：根据队员掌握情况可加快运球速度与改变运球方向。 要求： （1）注意每次触球的力量。 （2）身体放松、动作轻盈。 区域：10m。 器材：球、标志盘。

运球比赛 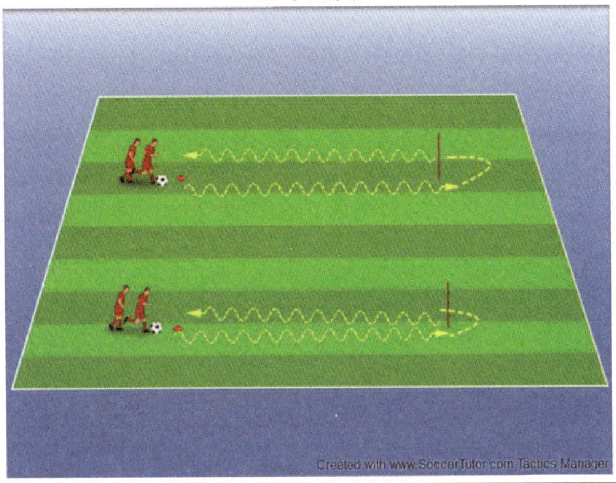 	目的：进一步提高运动中各种部位运球技术。 方法：接力比赛（脚掌拉球、拨球技术运球）。 要求： （1）完成技术动作的基础上，加快速度。 （2）注意对身体重心的把控。 区域：10m。 器材：球、标志盘。

5. 提高队员扣球能力的训练方法示例

练习1　基本技术 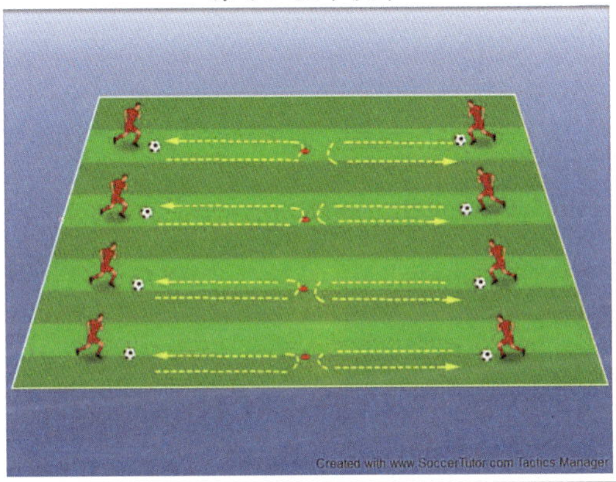 	目的：逐步掌握扣球技术。 方法： （1）队员分为两列横排，每人一球。 （2）两横排队员面向对方，相距10m远，同时运球，两人接近时扣球变向折回起点。 要求： （1）扣球时身体重心要低。 （2）扣球后球不要距离身体太远，第二个连接技术动作要快。 区域：20m。 器材：球、标志服、标志桶。
练习2　扣球变向  	目的：提高队员扣球变向能力。 方法：区域内每人一球，运球遇到标志桶时或者听到教练员哨声后立即扣球变向，继续运球。 要求：运球的速度不要太慢。 区域：20m×20m。 器材：球、标志服、标志桶、标志盘。

练习3 一对一

目的：提高在1vs1对抗下运用扣球的能力。
方法：进攻队员接球后快速运球突破防守队员射门。
要求：进攻队员多利用假动作和变速变向突破对手。
区域：1/2足球场。
器材：球、标志服、标志桶、标志盘。

6. 提高队员运球过人训练方法示例

练习1

目的：学习运球过人技术。
方法：每人一球，运过场地中任意摆放的标志桶。
要求：
（1）身体放松，重心降低。
（2）注意改变方向。
区域：1/2足球场地。
器材：球、标志桶。

练习2

目的：进一步掌握运球过人技术。
方法：每人一球，两端队员同时运球至中间，相互躲闪后运球至对方起点，交替训练。
要求：
（1）注意变向时的距离。
（2）注意观察对面队员的移动方向。
（3）注意速度变化。
区域：20m。
器材：球、标志盘。

比赛	
	目的：提高比赛中运球过人技术。 方法：比赛，将球运过对方底线为得分。 要求： （1）注意运过防守人后加速运球。 （2）注意拉开场地，为队友提供更多的1vs 1机会。 区域：25m×25m。 器材：球、标志服、标志桶。

五、头顶球基本技术动作概念与动作要点

（一）头顶球动作概念、作用、方式

头顶球的概念：指踢球者有目的地用前额部位将球击向预定目标的动作。

头顶球的作用：头顶球是在比赛中运动员处理一般高于胸部来球时的最主要手段。头顶球技术在高空中的传球、高空球的射门、空中球的阻截和抢断等方面发挥着重要的作用。头顶球能力的好坏，对比赛双方在罚球区范围的制空权的作用尤为重要。它既是破坏对方进攻的有利武器，又经常是决定比赛胜负的致命武器。

头顶球的方式：原地及跑动中顶球、跳起顶球和鱼跃顶球。

（二）头顶球基本动作结构

头顶球的动作结构：头顶球技术的动作结构基本是由移动选位、身体支撑和预摆、前摆发力、头触球、触球后的身体平衡保持等五个环节所组成。

移动选位：头顶球技术是处理高空来球的重要技术，要想完成好顶球动作，在移动选位方面要考虑：① 对来球的速度、空中运行的轨迹、击球点的空间位置做出正确判断；② 以何种方式和身体姿势与运动状态及时到达顶球位置或起跳位置；③ 根据比赛当时双方的情况，如何隐蔽自己的动作意图和实现真实意图；④ 要移动到使自己既能顶到球又可达到理想的顶球效果的位置上。

身体支撑和预摆：身体的支撑和预摆是指踢球者移动到适当位置后，双脚前后或左右站立支撑身体重心的同时，躯干向后伸（后仰）位于身体重心垂直线的后面，成一定背弓的准备状态。摆动的幅度应根据顶球的目的确定。在这一过程中要注意：① 两眼要注视来球；② 下颌要收紧（紧贴下巴）；③ 两臂要屈肘自然张开保持身体重心平稳；④ 注意观察与判断出

球方向和目标区域对自己的利弊信息。

前摆发力：指踢球者从躯干后伸（背弓）的预摆状态进入全身由下到上协调发力以头触球瞬间前的动作。这一环节是顶球力量的主要来源。前摆发力的效果主要取决于腰腹部肌肉的力量与动作协调性。这一动作过程中要注意：① 掌握好前摆发力的起动时机，以使头触球的位置能够保证在身体重心垂直线的略后方处（身体处于垂直站立状态前的瞬间）；② 支撑脚的蹬地发力动作要充分，支撑脚的位置应保持相对固定（不要向后移动）；③ 屈体收腹动作要协调快速有力；④ 颈部保持回收状态。

头触球：指踢球者以头的前额部位（正面或侧面）触击球的动作。其主要任务是保证触击球的效果。在这个过程中要考虑以下3个方面的因素：① 触球时机；② 触球部位；③ 触球刹那颈部发力。

考虑到头与球相接触是一个时间段而不是一个时间点，因此，最佳的触球时机应是在头部摆至身体垂直部位前的瞬间触击到球，这时身体头部的移动速度接近最快（前额部位的转动线速度接近最快），身体重心相对平稳，有利于触球用力动作的控制。这样在头与球接触过程中，躯干带动头部及颈部的主动发力速度都达到了最大，保证了在最大躯干摆动时段触球。在身体重心垂直线后距离太远，或身体重心垂直线前距离太远的位置上触击球均不利于顶球最大力量的获得与顶球效果的保证。

顶球部位：指顶球时头的前额正面或侧面与球的对应部位。它直接影响顶球的准确性和力量。头部的前额正面部位是指眉毛以上，发际以下的部位。前额侧面是指以人体正中线为基准线，将前额分为左右两个侧面。在人体正中线左侧的部分为前额左侧面，在正中线右侧的部分为前额右侧面。在触球时要根据出球目标的方向确定前额与球的接触部位、角度、速度等，以保证球体能够按照理想的方向与角度顶出。

颈部发力：颈部发力动作是指踢球者在头触球前颈部保持适度紧张（这种颈部的适度紧张具有一定的保护作用），主动用力向前伸下颌（伸下巴）的动作，也是顶球发力过程的最后阶段。它的发力短促有力，便于更好地把握触击时机，并增加击球的力量。常见的有向前顶送、向下点击、向侧摆甩和向后蹭顶等发力动作。[1]

触球后的身体平衡：是指踢球者顶球后通过调整步法、身体躯干及上肢动作来保持身体重心稳定与平衡的动作。这主要取决于以下4个要素：① 两臂合理摆动；② 双脚的移动步法及位置；③ 落地时髋、膝、踝3个关节的屈曲；④ 来球的力量大小。顶球者应根据不同来球和顶球方法及顶球目的，合理协调四者关系以维持身体平衡。[2]

头顶球的特点：① 头顶球的击球位置常常是在高于头部的空间位置。② 颈部摆动的控制

[1] 王崇喜. 普通高等教育“十五”国家级规划教材. 全国普通高等学校体育教学指导委员会审定. 高等学校教材球类运动—足球[M]. 北京：高等教育出版社，2005.

[2] 何志林. 普通高等教育“九五”国家级重点教材. 全国体育院校教材委员会审定. 全国体育院校通用教材. 现代足球[M]. 北京：人民体育出版社，2000.

动作在击球力量与准确性上作用突出。③ 顶出球的力量大小受来球速度快慢影响较大。④ 大摆幅的动作方法是通过身体的反向背弓或侧屈，使另一侧的肌肉充分伸展拉长，以加强腹背肌肉屈伸作用，为加快摆速创造条件。大摆幅的顶球力量大、出球有力、速度快，适用于远距离的传球、破坏球和大力射门。小摆幅是利用腹部肌肉的弓身拉长与收缩，靠颈部猛然加力顶击球，其动作摆动期短，动作突然，出球线路灵活多变，但力量较小，适用于短传和近射。[1]

（三）各种头顶球动作方法

以头顶球触球时的前额部分为依据，头顶球技术分前额正面头顶球与前额侧面头顶球技术。

前额正面和前额侧面头顶球触球部位，如图3-44所示的画圈部分。

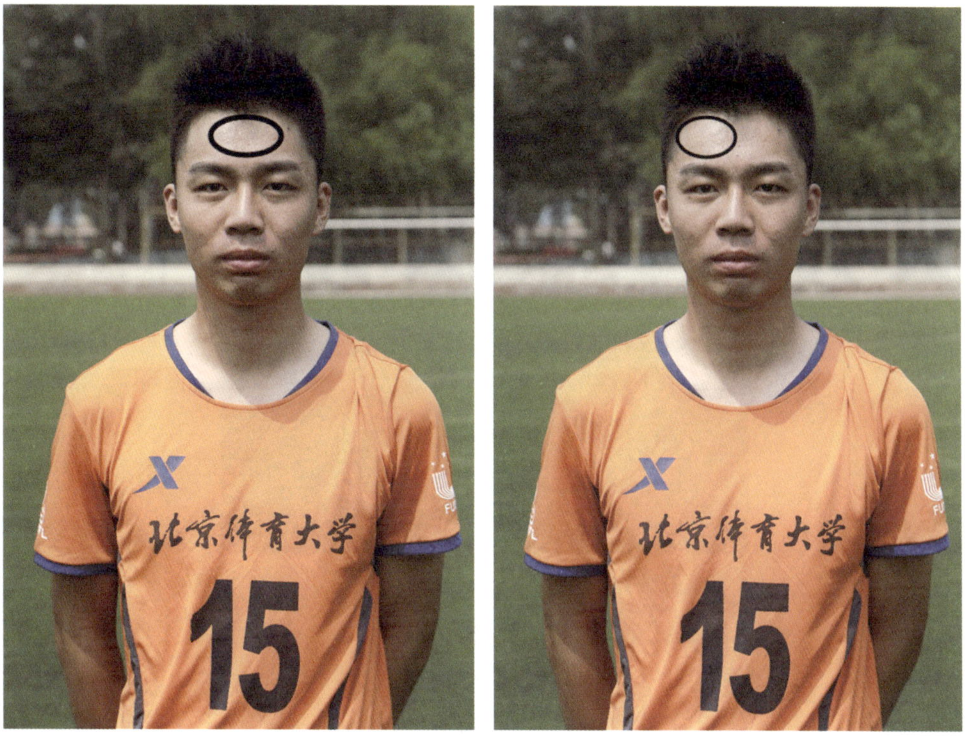

图3-44　前额正面和前额侧面头顶球示意图

前额正面顶球特点：前额正面顶球是头顶球技术中最为常用的方式，其最突出的特点就是触球部位平坦，容易控制出球角度方向。

1. 前额正面头顶球

（1）原地头顶球

身体正对来球，根据来球的飞行速度、轨迹，及时移动到位，两脚前后或左右开立，约

[1]　王崇喜. 普通高等教育“十五”国家级规划教材. 全国普通高等学校体育教学指导委员会审定. 高等学校教材球类运动—足球[M]. 北京：高等教育出版社，2005.

与肩同宽。左右开立时身体重心在两脚后部之间，前后站立时身体重心在后脚上较多，双膝微屈，两眼注视来球，上体稍后仰挺胸展腹，两臂屈肘自然张开，下颌收紧。当来球运行到将垂直于地面的垂线时，双脚用力蹬地，身体重心从双脚后部快速向前脚掌过渡（双脚平行站立时），或者是从后脚快速过渡到前脚上（双脚前后站立时）、快速收腹屈体、在触球前瞬间颈部做爆发式振摆甩头（伸下巴）使头在摆至身体垂直部位前的瞬间，用前额正面顶击球的中后部。前额触击球瞬间，颈部肌肉保持紧张，顶球后上体继续随球前摆。（图3-45）

图3-45　原地头顶球示意图

（2）原地转身头顶球

判断来球，选择好顶球位置，双脚前后站立，与出球方向相同一侧的脚在前站立，另一只脚在后，双腿屈膝支撑身体，双臂自然屈肘张开，上体侧对来球，稍向出球方向的相反方向转体，以便转体发力。前额触击球刹那，后脚用力向出球方向蹬转带动上体转动，当球接近顶球者与出球方向相同的一侧肩的垂直上方时，上体加速转摆，颈部用力向出球方向摆动，用前额正面部位顶击球的前外侧中部，使球飞向预定目标区域。（图3-46）

图3-46　原地转身头顶球示意图

（3）原地跳起头顶球

原地跳起头顶球主要在本方或对方传来高球，为在更高的空间位置触击到球以获得攻或守的战术行动利益时运用。起跳前，在判断好在空中触击球的位置后，两膝屈曲，重心下降，然后在球飞行至身前相应距离时，两脚用力蹬地起跳，同时两臂屈肘上摆，在身体上升阶段，挺胸展腹收下颌，两臂自然张开以维持身体平衡，眼睛注视来球，身体成背弓至起跳到空中的最高点。当球将运行至身体起跳最高点垂直面时，上体快速曲屈并快速收腹，触球瞬间颈部做爆发性振摆，在头摆至身体垂直部位前的瞬间，用前额正面顶击球的中后部将球顶出，同时两腿向前做制动控制振摆，球顶出后两腿屈髋、屈膝、屈踝落地以缓冲身体，并准备完成下一个比赛动作。（图3-47）

图3-47　原地跳起头顶球示意图

图3-47 原地跳起头顶球示意图（续）

（4）跑动跳起头顶球

一般助跑跳起顶球时都使用单脚起跳。比赛中根据来球的速度、运行轨迹，判断好欲在空中触击球的最佳位置后，快速调整跑动状态及时进入起跳地点，助跑起跳前一步稍大些，起跳脚用力蹬地尽力向上跳起，同时另一腿屈膝上摆，两臂屈肘自然上提以增加跳起的高度与维持身体的平衡。其余各环节与原地跳起头顶球相同。（图3-48）

图3-48 跑动跳起头顶球示意图

图3-48 跑动跳起头顶球示意图（续）

（5）鱼跃头顶球

当离身体较远的低空来球不能用正常移动的方式及时移动到位去处理，又必须抢点击球时（如抢救险球、射门等）往往会用鱼跃前冲头顶球技术。

鱼跃顶球前，根据来球，判断好飞行路线和选择好触球点后，以单脚或双脚用力向前蹬地，使身体接近水平状态向前跃出，同时两臂微屈前伸，手掌向下，头略向上抬起，眼睛注视来球，利用身体向前跃出的冲力，以前额正面顶球。顶球后，两手先着地，手指向前，接着以胸部、腹部和大腿依次着地。（图3-49）

图3-49 鱼跃头顶球示意图

图3-49　鱼跃头顶球示意图（续）

（6）向后蹭顶球

向后蹭顶球分为原地和跳起蹭顶。触球前的准备动作与相应的前额原地与跳起顶球动作基本相同，主要区别是触球时头向后扬，用前额正面部位击球的下部，将球向身后蹭出。（图3-50）

图3-50　向后蹭顶球示意图

① 前额正面顶球时的易犯错误

● 心理害怕。触击球时闭眼缩颈，没有主动用前额击球，而是被动地让球击打头部。

● 触球时机不好。过晚或过早，影响顶球力量和出球方向。

● 发力动作不协调。支撑脚向后移动造成屈体收腹的躯干动作受损，发力动作出现脱节和停顿，出球无力。

● 跳起顶球时，起跳点、起跳时机和空中击球位置选择与控制不好。

● 跳起后，在空中的身体控制能力差，顶球动作完成不好，顶球质量和效果差。

② 纠正练习方法

● 练习方法1：每人一球，双手持球触击自己的前额部位，体会触球感觉与部位。

● 练习方法2：顶吊球练习。一人用网将球吊在同伴前额部位高度的空中，顶球人采用前额部位顶球方法连续击球，以体会正确的击球时机与部位和培养目迎目送的习惯。两人不断交换练习角色。

● 练习方法3：一抛一顶的配合练习，一人抛出高度不同的球，顶球人根据来球的高度进行选择判断，练习正确掌握击球时机，体会正确顶球发力的动作。

2. 前额侧面头顶球

前额侧面顶球特点：多是利用转头动作击球，因而击球动作快捷，变换方向突然，顶出球的飞行路线对方难以预测和防范。但此动作触球时的前额部位面积小，准确控制出球方向难度大，此外，此动作顶球时的颈部转动与上体的侧摆发力协调配合难度也较大。

（1）前额侧面原地头顶球

判断好来球的运行速度、运行轨迹，及时移动到位。然后两脚前后开立或左右开立，出球方向的同侧脚在前，身体稍向侧后微屈转体，前膝微屈，重心落在后脚上，两臂屈肘在体前自然张开，眼睛注视来球，当球运行至体前上方时，后脚向击球方向用力蹬伸，前脚掌适度向出球方向旋转，上体随之向出球方向转摆，同时颈部侧甩发力，顶击球瞬间，颈部肌肉保持紧张，用前额侧面触球的中后部将球击出。（图3–51）

图3–51　前额侧面原地头顶球示意图

图3-51 前额侧面原地头顶球示意图（续）

（2）前额侧面跳起头顶球

前额侧面跳起头顶球分为原地跳起头顶球与助跑跳起头顶球。起跳动作与前额正面跳起头顶球相同。在起跳后的身体上升阶段，上体向出球的相反方向侧摆及转体，在身体达到最高点时，上体全力快速向出球方向转摆，颈部扭摆甩头，顶击球瞬间，颈部肌肉保持紧张，用前额侧面触击来球的外侧或内侧中部，将球击向预定的目标。落地时屈髋、屈膝、屈踝以缓冲落地力量和保持身体平衡。（图3-52）

图3-52 前额侧面跳起头顶球示意图

图3-52 前额侧面跳起头顶球示意图（续）

① 易犯错误

● 胆怯害怕，闭眼缩脖，使接触球部位不准，影响出球准确性。

● 对来球运行速度、飞行轨迹、触击的空间位置判断不准确，顶不到来球。

● 起跳时机掌握不好，过晚起跳造成顶不到球，过早起跳形成在身体下落过程中头部触球，虽可顶到球，但顶球无力，或者是没有在身体跳到最高点的位置触球。

● 身体转摆与颈部转动环节不能协调有力地进行，影响顶球力量。

● 跳起头顶球时，不能控制身体在空中的平衡与协调，摆动不协调影响出球的力量和准确性。

② 纠正练习方法

● 练习方法1：原地徒手做上体转摆和颈部转动顶球模仿练习。体会身体转摆与颈部转动协调动作。

● 练习方法2：一人持球于顶球人一侧肩部高度，顶球人原地做上体转摆和颈部转动顶球练习。体会触球感觉与部位和身体转摆与颈部转动协调动作。培养目迎目送的习惯。

● 练习方法3：顶吊球练习。一人用网将球吊在同伴前额部位高度的空中，顶球人采用前额左右侧部位连续击球，以体会正确的击球时机与部位和身体转摆与颈部转动协调动作。两人不断交换练习角色。

● 练习方法4：“一传一射”练习。一人在罚球区外传过顶高球（或掷界外球），一人在球门区线上跳起顶球射门。传球人可传出高度不同的空中球，顶球人根据来球的高度进行选择判断，练习正确掌握起跳时机、空中击球时机，体会正确的上体转摆与转颈协调发力顶球动作和落地缓冲动作。

（四）各种头顶球动作训练方法示例

1. 正面头顶球训练方法示例

练习1 基本技术  	目的：逐步掌握原地正面顶球技术。 方法：两人一球，相距3m远。一人抛球，一人原地正面头顶球。 变化： （1）顶球队员可以用头颠1~3次球后再顶给同伴。 （2）传球队员可以改用脚踢。 要求： （1）注意顶球的部位，不要闭眼睛。 （2）手抛球的队员要将球抛好，尽量双手抛球，球速不要太快。 区域：两人相距3～5m远。 器材：球。
练习2 头球攻门  	目的：提高原地正面头球的技术。 方法： （1）传球队员在球门两侧，用旗杆模拟防守队员。 （2）手抛球传球，进攻队员抢在旗杆前头球攻门。 要求：利用好身体，提前占据身前的位置。 区域：整个罚球区。 器材：球。
练习3 头球乒乓  	目的：提高队员运用头顶球的能力。 方法： （1）分成若干小组，每组4人，组与组之间进行比赛。 （2）比赛规则与排球类似，球不能落地，同组队员之间可以互相传球。 要求：接球可以用任何部位，但传球必须用头。 区域：10m×6m。 器材：球、标志服。

2. 侧面头顶球训练方法示例

练习1 基本技术 	目的：掌握原地侧面顶球技术。 方法：三人一球，三角形站位。A手抛球给B，B原地侧身侧面顶球给C；C拿球后再手抛球给A，以此顺时针方向继续。 变化： （1）可以改为逆时针方向。 （2）可以长传球。 要求：顶球时脚步要灵活。 区域：相距5m远。 器材：球。
练习2 	目的：进一步提高侧面顶球的能力。 方法： （1）有1/3的队员拿球，在区域内自由散开。 （2）持球队员手抛球给同伴，顶球队员提前观察，侧身将球顶给两侧没有球的同伴。 要求：顶球的队员要提前观察，并积极呼应同伴。 区域：20m × 20m。 器材：球、标志盘。
练习3 头球攻门练习 	目的：提高队员在门前运用侧面顶球的能力。 方法： （1）传球队员在边路传中，中路进攻队员包抄头球攻门。 （2）在开始阶段传球队员先用手抛球传给进攻队员。 变化： （1）可以放置旗杆或者增加1~2名队员模拟防守进行干扰以增加难度。 （2）最后阶段可以分为两组进行比赛。 要求：侧身头顶球时要提前占据身位。 区域：足球场罚球区。 器材：球、标志服、标志桶、标志盘。

3. 跳起头顶球训练方法示例

练习1 基本技术 	目的：掌握跳起顶球的技术。 方法：三人一球，一人传球（手抛球），一人站在原地当障碍物，一人跳起顶球。 变化： （1）传球队员改为长传球。 （2）另一名队员适当给予头顶球队员干扰和对抗。 要求：判断好球的落点和起跳的时机。 区域：足球场。
练习2 头球小比赛 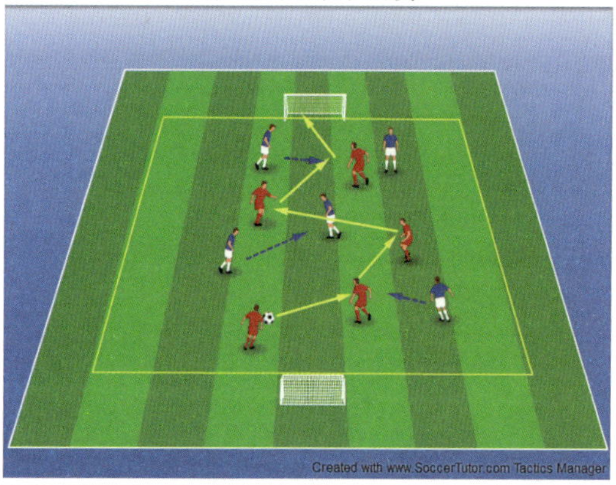	目的：逐步提高运用头顶球技术的能力。 方法： （1）分为两组，在区域内进行手球游戏比赛。 （2）只有头球攻门进球得分有效。 区域：20m×10m。 器材：球、标志服、标志桶、球门。
练习3 头球攻守练习 	目的：提高在对抗下跳头顶球的能力。 方法： （1）分为两组在区域内攻守，在两个边路设立自由人，自由人接球后必须传中。 （2）正常进球得1分，头球进球得3分。 区域：1/3足球场 器材：球、标志服、标志桶、标志盘。

4. 鱼跃头顶球训练方法示例

练习1 基本技术练习 	目的：逐渐掌握鱼跃头顶球的技术。 方法： （1）两人一球，相距5m远。 （2）一人抛球，一人进行鱼跃头球。 要求：注意头球的部位和保护动作。 变化：在开始阶段可以让队员先双膝跪地，进行鱼跃头顶球以降低难度。 区域：1/2足球场。 器材：球、标志服。
练习 2 	目的：提高鱼跃头顶球攻门技术的能力。 方法：队员从起点快速绕过标志后，接教练员手抛球鱼跃头球攻门。 要求： （1）队员在包抄时不要减速，要抢点攻门。 （2）判断好球的落点；注意身体控制和顶球部位，避免将球顶高。 变化： （1）教练员可以改为从两侧用脚传球。 （2）分为两队进行得分比赛。 区域：1/2足球场。 器材：球、标志服、标志桶。
练习3 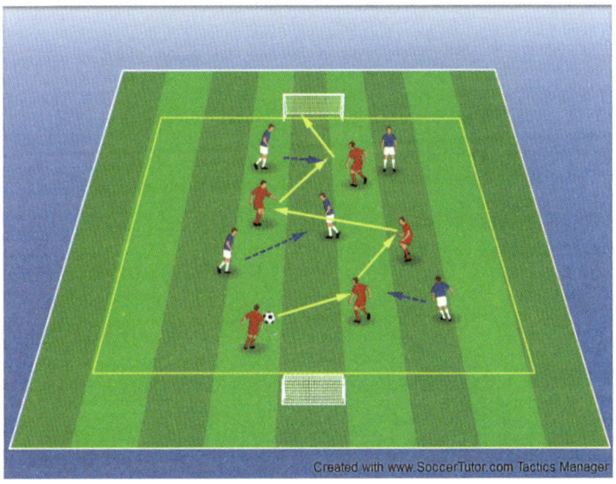	目的：提高在对抗中运用鱼跃头顶球的能力。 方法：分为两组进行手球比赛，比赛采用篮球规则，头顶球得1分，鱼跃头顶球得3分。 要求：积极跑动，大胆运用鱼跃头顶球。 变化：可以改为小球门（缩小球门的高度）。 区域：20m×20m（根据人数适当增加）。 器材：球、标志服、标志桶、标志盘。

六、抢截/断球基本技术动作概念与动作要点

（一）抢球截球概念、作用、特点

抢截球技术是防守过程中的重要技术，而且抢球和截球是两个不同含意的防守动作。抢球是指防守队员在规则允许的范围内，使用身体的合理部位，对控球队员及控制住的球采取防守争夺动作，以直接将球争夺过来，或是破坏掉的动作方法。截/断球是指防守队员在规则允许的动作范围内，在对方接球队员得到球之前，将对方队员传出的球在球运行途中截住或破坏掉的动作方法。

抢截球的作用：① 将控球权从对方手中抢夺来，使本方由防守转为直接进攻。② 破坏对方控球权，阻止对方的进攻。

抢截球的方式：正面抢截、侧面抢截、侧后抢截。

抢截球的特点：① 抢截球动作方法的完成更具有战术行为的特点，抢球和截球动作的完成都是个人防守战术范围的动作内容。② 抢截意图不同，动作使用方法选择也有所区别。当意图将攻方的传球、射门球破坏掉时，抢断防守动作多以踢、顶、铲等动作来完成；而当意图将攻方的传球、射门球处于自己控制状态之下时，抢截防守动作多以身体合理部位的挡、接、铲等动作来实现。③ 在本方罚球区内的防守抢截动作实施格外谨慎。④ 截/断球成功与否，要取决于防守队员对控球队员的传球目标、出球时间和出球角度与路线、传球力量和第一落点的判断是否准确，以及防守队员果断出击抢截的心理自信与身体能力。

（二）抢截球基本动作结构

抢和截虽然是不同的防守动作，但其完成的基本过程或结构是相同的。一般均是由判断选位、择机实施抢截、抢截动作后的衔接动作由3个环节组成。

1. 判断选位

判断选位是指抢球队员根据自己周围攻守队员的攻守位置与意图，特别是控球队员和最有可能接到球的对手位置与意图的观察与判断，以合理的移动方式及时占据实施抢截球最有利的位置，并调整好身体姿态。准确判断是进行有效抢、断的前提，是移动选位的依据。判断选位这一环节是成功地实施抢截球的先决条件，应尽快尽早完成。抢球防守选位时，一般是防内线让外线，常常是控球队员、防守队员、防守球门线中点三者形成一条线。截断球防守选位时，在防内让外的前提下，注意向传球路线一侧靠近，与对手保持的距离应是向前有利断截、向后有利封堵的距离。

2. 择机实施抢截

抢截防守的动作时机是成功与否最重要的因素。过早过晚不但会影响抢截的效果，而且可能导致抢截失败。一般而言，抢截的有利时机有以下几种：① 控球队员直线运球过程中，

触球后重心已移至触球脚即将落地前，此时运球者已无法再改变运球路线，而且球离运球队员身体最远，他所需要的衔接动作时间最长。② 接球队员第一次触球时使球远离身体，或接球后身体停顿使人球随动不紧密时。③ 传球队员的传球意图暴露较早，造成接球队员较早地成为防守方的确认防守目标，使盯防接球者的防守队员提前做好了防守抢断的准备时。④ 传球距离较远，来球速度较慢，接球队员注意力在球上，且在原地等球时。⑤ 控球队员在其他防守队员的逼迫下，传球的角度与路线只有一个可能，且传球目标明确情况下控球队员将球传出时。

3. 抢截动作后的衔接动作

在实施第一个抢截动作后，应迅速连接下一个抢截动作或控球动作，同时快速调整身体重心平衡，使身体处于实施下一个动作所需要的有利位置和状态。

（三）各种抢截球动作方法

1. 正面跨步抢球

两脚前后开立，两膝微屈，身体重心下降并放在两脚之间，面向持球队员，并注视其控球情况。当运球者与抢球者之间的距离缩小到一大步范围内，且在控球队员身体重心移至运球脚又触球后的落地过程中或落地支撑瞬间，抢球队员支撑脚用力后蹬，上体前倾，抢球腿膝关节弯曲水平前移，以脚内侧对着来球跨出，并用脚内侧部位触挡在球的正中部位，脚触球时踝关节要保持高度紧张固定，在抢球脚落地瞬间支撑身体重心的同时，另一脚快速前跨，并快速衔接下一个控球动作。若双方的脚同时触球，抢球脚在不脱离球的情况下要顺势快速向前上方提拉，以使球从对方脚背上滚过。同时身体重心要迅速跟上，把球控制好。（图3-53）

图3-53　正面跨步抢球示意图

2. 正面捅球

面向持球队员并注视其控球情况，两脚前后开立，两膝微屈，身体重心下降并放在两脚之间，在移动后退过程中当运球者与抢球者之间的距离缩小到一大步范围内，且在控球队员身体重心移至运球脚又触球后的落地过程中或落地支撑瞬间，抢球队员前脚突然弹伸以脚尖捅球，捅球时踝关节保持紧张以固定脚形。若捅到球则身体重心前移，若没有捅到球则抢球脚快速回收，身体重心仍旧保持在后脚上，以便快速向后退让衔接下一个抢球动作。（图3-54）

图3-54 正面捅球示意图

（1）易犯错误

① 抢球脚的踝关节不够紧张固定，抢球无力。

② 触球后身体重心不能及时移到抢球脚上，下一个跟进动作的衔接慢。

③ 伸脚抢球时机掌握不当，造成抢球失误。

④ 抢球动作乏力，提拉速度慢，影响抢球效果。

⑤ 抢截动作不合理造成犯规。

⑥ 堵抢触球部位不准确造成失误。

（2）纠正练习方法

① 原地徒手模仿练习。两人一组，一人将球放在距离抢球者身前一大步位置上，抢球者跨步上前抢球，体会跨步动作与触球部位。两人不断交换练习角色。

② 同时跨步抢球练习。两人一组，将球放在距离两人各有一大步距离位置，两人同时跨步抢球。体会跨步动作与触球部位、触球用力动作。

③ 同时跨步提拉球练习。两人一组，将球放在距离两人各有一大步距离位置，两人同时跨步抢球并快速向前上方提拉球。体会跨步抢球动作、触球用力和提拉动作。

④ 运球抢球练习。两人一组，一人运球，另一人进行跨步抢球练习。体会跨步抢球的动作时机、触球部位、触球用力和提拉动作。两人不断交换练习角色。

3. 侧面抢球

侧面抢球是指防守队员与控球队员平行跑动或从后面追成平行位时所实施的抢球动作，包括合理冲撞抢球、异侧脚铲球和同侧脚铲球3种情况。

（1）合理冲撞抢球

当防守者与运球者平行跑动追球时，或是防守者从侧后追上运球者时，防守者重心适当下降，靠近运球者一侧的手臂屈肘紧贴躯干，在运球者同侧脚离地的过程，防守者外侧脚用力向外侧蹬地，躯干紧张用力，用肩关节以下肘关节以上部位适当冲撞对手相同部位，使对手身体失去平衡，乘机将球抢过来并控制住。（图3-55）

图3-55　合理冲撞抢球示意图

（2）异侧脚铲球

当球离防守队员身体较远，或不能用正常的捅踢等动作触击球时，防守者常常会使用倒地铲球动作去破坏控球队员脚下的球。防守队员用异侧脚铲球时，根据球速和距离，判断好触到球的位置，当控球者拨出球的刹那，同侧脚用力蹬地成跨步支撑身体的同时，异侧（铲球）脚快速对着球的运行路线以脚外侧沿地面向前内侧滑出，用脚底将球铲出。脚触球时，踝关节要保持紧张固定。然后小腿外侧、大腿外侧、臀部、手臂依次着地。铲球后身体向铲球腿一侧快速翻转并起身，尽快使身体重心处于正常状态，并处于衔接下一动作的有利状态和位置。（图3-56）

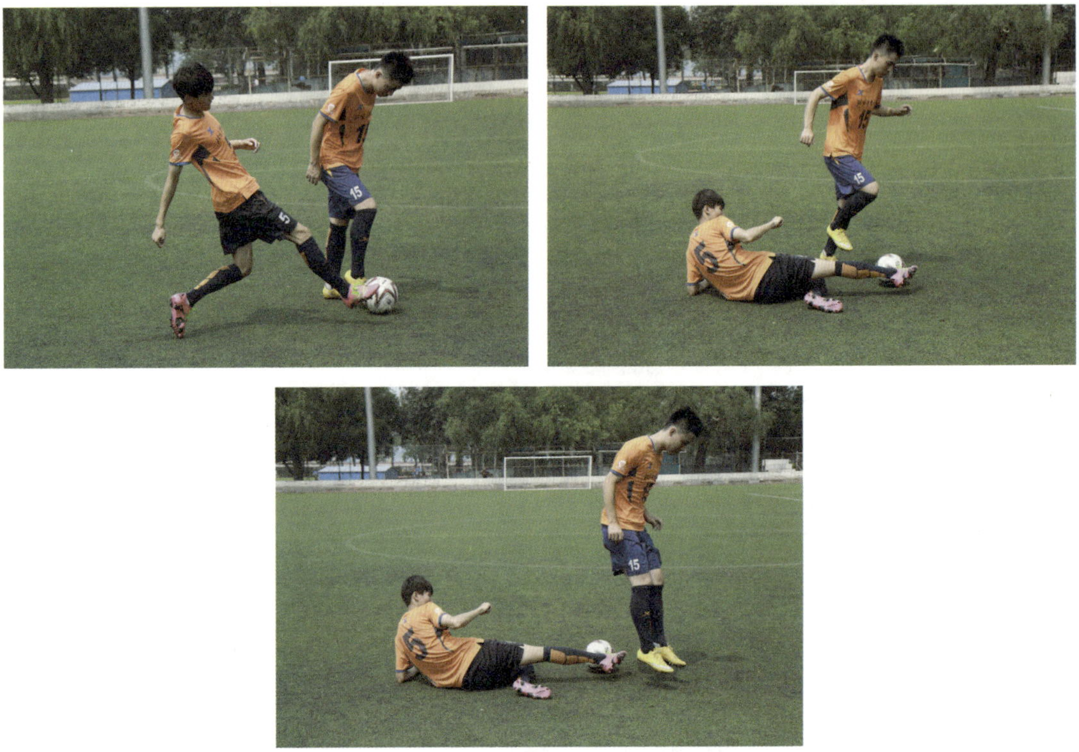

图3-56　异侧脚铲球示意图

（3）同侧脚铲球

根据球速和距离，判断好触到球的位置，当控球者拨出球的刹那，异侧脚用力蹬地成跨步支撑身体的同时，同侧（铲球）脚快速对着球的运行路线以脚外侧沿地面向前内侧滑出，用脚底将球铲出。脚触球时，踝关节要保持紧张固定。然后小腿外侧、大腿外侧、臀部、手臂依次着地。铲球后身体向一侧快速翻转并起身，尽快使身体重心处于正常状态，并处于衔接下一动作的有利状态和位置。（图3-57）

图3-57　同侧脚铲球示意图

图3-57　同侧脚铲球示意图（续）

（4）易犯错误

① 合理冲撞时冲撞动作不合理造成犯规。如肘部张开形成推人犯规。

② 冲撞时躯干没有紧张用力，或时机不好，冲撞效果差。

③ 铲球时出脚铲球动作不果断，犹豫不决，造成铲球失误。

④ 铲球时脚踝关节没有紧张用力，造成铲球效果差。

⑤ 铲球时机不当，造成犯规或铲不到球。

⑥ 铲球后的连接动作慢，造成整体防守线出现位置漏洞或薄弱环节。

（5）纠正方法

① 徒手冲撞练习。两人一组，肩靠肩向前慢跑。体会冲撞的部位与用力方式。

② 冲撞抢球。一人慢跑运球，一人从侧面进行合理冲撞。体会冲撞的时机和用力方式及冲撞部位。两人不断交换练习角色。

③ 原地铲球。将球放在原地，抢球队员跨步铲球。体会铲球用力动作和触球部位及倒地起身动作。

④ 追铲球。一人站在罚球区线上将球向球门踢出，一人追球将球铲出门外。体会铲球的用力动作与倒地起身动作。两人不断交换练习角色。

⑤ 铲运球。一人运球慢跑，一人铲球。体会铲球的动作时机、用力过程和部位，以及倒地起身动作。

（四）各种抢截球动作训练方法示例

1. 正面跨步抢球训练方法示例

练习1 	目的：掌握正面跨步抢球技术。 方法：两人一球，一人运球，一人正面向前跨步抢球，然后交换。 要求：注意向前跨步抢球的时机。 区域：1/2足球场。 器材：球。
练习2 	目的：提高正面防守能力。 方法：在罚球区前左、右两个区域进行1 vs 1练习。 区域：罚球区前。 器材：球、标志桶、标志盘。
练习3 	目的：在比赛中提高正面防守能力。 方法：在区域内进行3 vs 3攻守。 区域：20m×30m。 器材：球、标志服、标志桶、标志盘。

2. 正面捅球训练方法示例

练习1 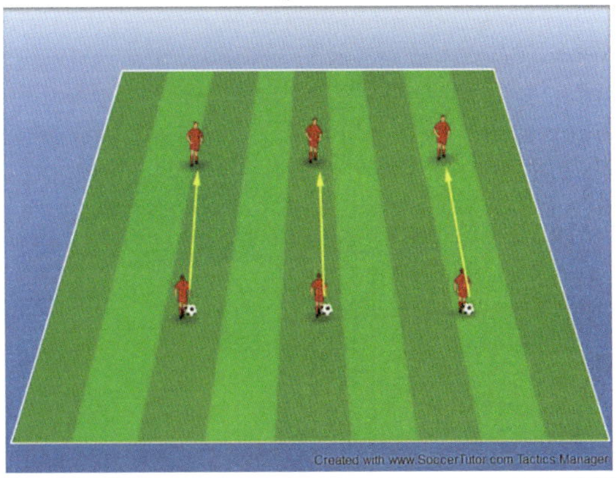 	目的：掌握正面捅球技术。 方法：两人一球，一人慢慢运球，另一人快速向前捅球。 要求：掌握正确捅球技术。 区域：1/2足球场。 器材：球。
练习2  	目的：提高运用捅球技术的能力。 方法：持球队员自由运球，无球队员在区域内抢球或者破坏持球队员运球。 要求：注意捅球的时机。 区域：20m × 20m（根据队员人数增加）。 器材：球、标志服、标志盘。

3. 侧面抢球

练习1  	目的：逐渐掌握合理冲撞技术。 方法：两人一球，将球放在原地，两人运用合理冲撞技术争夺球。 要求：不要有犯规动作。 区域：1/2足球场。 器材：球。

<table>
<tr><td>练习2
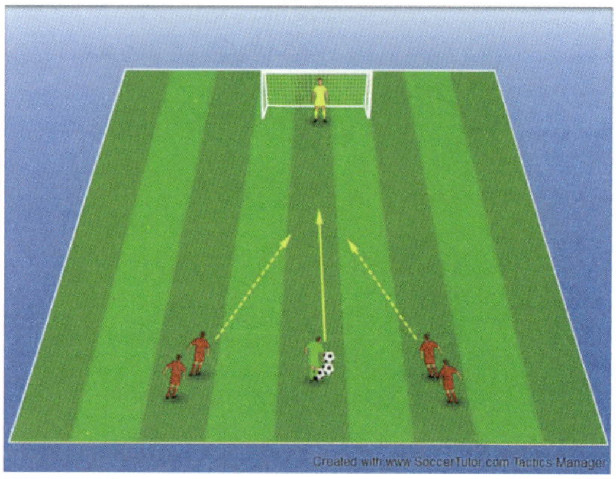</td><td>目的：提高合理冲撞抢夺球的能力。
方法：两人一组，教练员发出球后，两人同时追逐球，最先得球并射门得分为胜利。
区域：20m × 20m。
器材：球、标志服、标志桶。</td></tr>
</table>

七、掷界外球

（一）掷界外球概念、作用、特点

掷界外是指比赛中球出边线后，发球队员按规则的规定以手持球的方式将球直接掷入场地以恢复比赛的动作方法。掷球时，掷球队员必须面对出球方向，双手持球从头后经头顶用一个连续动作将球掷入场内，双脚或单脚可以踩在边线外或边线上，但不得越过边线。双脚的任何一只脚在掷球过程中都不得全部离开地面。

掷界外球的作用：① 利用队员直接接到掷界外球时没有越位犯规的规定，可以更加提高在对方罚球区内的进攻威胁性；② 为一般区域内的进攻提供更多的有利条件。

掷界外球的方法：① 原地掷球；② 助跑掷球。

掷界外球的特点：① 足球运动员（除守门员外）唯一能用手完成的技术，且技术稳定性和准确性较强；② 需按规定的动作要求完成掷球动作过程，否则将被判罚为违例犯规；③ 直接接得界外球的队员没有越位犯规，但也不能直接掷入球门得分。

（二）掷界外球基本动作结构

从掷界外球的整个动作过程看，掷球动作是一个下端固定的爆发式的平摆运动，需要稳固的支撑。要想将球掷得更远，应考虑到以下3个方面的因素：① 运动员掌握合理的出球角度是影响远度的重要因素，越接近45° 掷出球的距离越远；② 球出手的初速度越快则球被掷得越远，这需要全身协调用力的能力；③ 利用助跑的初速度，也有助于将球掷得更远。从总体结构来看，掷界外球的动作基本结构可以由持球后摆、前摆掷球两个基本环节组成。

持球后摆：两手自然张开拇指相对，双手持球的侧后部，屈肘将球置于头后，面对场内出球方向，双脚前后或左右开立，膝关节弯曲，上体后仰呈反弓，重心移到后脚上（左右开立时，重心在两脚之间）。

前摆掷球：持球前摆掷球时，后脚（前后站立）或双脚（左右站立）用力蹬地，两腿迅速伸直，躯干快速摆动，同时两臂协同用力急速前摆，当球摆到头顶上方时，用力甩腕将球掷入场内。掷球时脚可沿地面向前滑动但不得离地或踏入场内。

（三）各种掷界外球方法

1. 原地掷界外球

面对场内出球方向，两脚前后站立或左右开立，膝关节弯曲，上体后仰呈背弓，重心移到后脚上（双脚前后站立时）或者重心在两脚之间（双脚左右开立时），两手自然张开拇指相对，持球的侧后部，屈肘将球置于头后。前摆掷球时，后脚（双脚前后站立时）或双脚（双脚左右开立时）用力蹬地，两腿迅速伸直快速摆体，同时两臂协同用力急速前摆。当球摆到头上方时，用力甩腕将球掷入场内。掷球时脚可沿地面向前滑动，但任何一只脚都不得全部离地或全部踏入场内。（图3-58）

图3-58　原地掷界外球示意图

2. 助跑掷界外球

助跑时，双手或单手持球于胸前，在迈出最后一步时，上体后仰呈背弓，同时以两手持球于头后。两脚应前后开立。若助跑速度较快，在最后两步也可采用垫步的方法控制身体向前的冲力。掷球时，前后脚要尽全力支撑控制并保持双脚不离地面，其他掷球动作与原地掷界外球动作相同。（图3-59）

图3-59 助跑掷界外球示意图

3. 易犯错误

① 掷球时双脚或单脚离地，造成犯规。

② 持球用力方式不对，在大力掷球时，常常以单手用力向前掷球造成犯规。

③ 持球掷球出手动作不连贯，掷球时，前摆掷球过程中持球动作有停顿，不是用一个连贯掷球动作将球掷出。

④ 在掷球距离较近时，容易出现球不是从头后经头上掷出，而是在头上直接掷出。

⑤ 改变方向掷球时，往往出现身体不能正对出球方向。

4. 纠正方法

（1）双手传球练习。两人一球，相距8~10m远，双手持球于头后，然后传球给对面同伴。体会持球动作和双手协同用力动作。

（2）掷平顶球练习。两人一球，相距8~10m远，双手持球于头后，然后掷球的高度与同伴的头顶高度相同，体会持球动作和双手协同用力及脚部支撑控制动作。

（3）掷反弹球练习。两人一球，相距10~12m远，双手持球于头后，然后大力掷球反弹地面传给同伴，体会大力掷球时双手协同用力及脚部支撑控制动作。

（4）逐渐增加距离掷球。两人以掷界外球方式传球，两人之间的距离逐渐加大，直至最大用力掷球距离。开始可以为6~8m，每次增加2m，直至最大用力掷球为止。体会不同用力方式下的正确掷球动作方法。

（四）掷界外球训练方法示例

1. 原地掷界外球训练方法示例

练习1  	目的：掌握原地掷界外球技术能力。 方法：两人一球，相距10m远，互相掷界外球。 要求：注意动作技术的准确。 区域：1/2足球场。 器材：球。
练习2  	目的：提高在比赛中掷界外球的能力。 方法：5 vs 5攻守，边线掷界外球。 区域：25m × 20m。 器材：球、标志服、标志桶。

2. 助跑掷界外球训练方法示例

练习1  	目的：掌握助跑掷界外球技术能力。 方法：两人一球，相距15m远，一人掷界外球，另一人头顶球。 要求：注意动作技术的准确性。 区域：1/2足球场。 器材：球。
练习2  	目的：提高助跑掷界外球技术能力。 方法：两边人拿球掷界外球，中间的人头顶球攻门。 要求：注意掷界外球的距离与准确性。 区域：1/2足球场。 器材：球、标志桶。
练习3  	目的：提高在比赛中掷界外球的能力。 方法：4 vs 4攻守，两边掷界外球攻门得分有效。 区域：25m×20m。 器材：球、标志服、标志桶。

八、假动作

在足球比赛中，运动员为了在时间与空间上处于有利状态，以达到更好地传球或射门效果，或者是获得更好的破坏对手的控球权以及传球和射门效果，运动员常常会采取一些虚假的身体动作行为来掩盖自己真实的意图，使对手产生错误判断与错误行为，形成对自己有利的形势以达到自己的目的。

（一）假动作概念、作用、特点

假动作是指比赛中运动员采取一些虚假的身体动作行为来掩盖自己真实的意图，使对手产生错误的判断和行动，造成双方队员在战术意识决策上、身体动作姿态上、运动方向与运动速度、动作节奏等主要方面相反，呈现出在触控球的时间与空间上的错位，使自己更加有利地实现战术目的的动作行为。

假动作的作用：① 在思维决策上出现错误或犹豫不决；② 在身体动作姿态、运动方向上出现错误移动和改变；③ 在运动速度与动作节奏上出现错误的调整与变化。

假动作的特点：① 假中有真，真中有假，即真真假假，虚虚实实，让对手捉摸不定，防不胜防；② 假变假时连续不断，身体重心平稳，即一个假动作接着一个假动作，但自己的身体重心一定要保持稳定，不能失去平衡；③ 假变真时需突快变，是指在假动作接真动作时，要做到突然、快速、变化；④ 假动作没有固定的方法与变化。

（二）假动作基本动作结构

假动作可以用各种方法来完成，但总体来看，假动作的基本结构主要包括3个环节：①观察判断对手，调整身体位置与状态；②假动作诱骗实施；③真动作的衔接。

1. 观察判断对手，调整身体位置与状态

比赛中在有防守队员防守时，进攻队员常常会提前观察防守队员的位置和身体运动状态，并判断其战术意图，在此基础上，进攻队员会根据自己的战术意图实施需要来调整自己的身体位置与运动状态，使自己身体重心处于平稳的控球状态和移动状态下向防守队员逼近。

2. 假动作诱骗实施

在接近防守队员一大步左右距离时，要利用身体躯干的左右晃动、下肢的左右动作结合脚踝触球变向虚假动作，在运动方向、运动速度、动作节奏与动作方向变化方面进行连续不断的虚假诱骗。躯干左右晃动时要保持身体重心平稳，下肢左右跨步虚假移动时，要注意大小步幅交替使用，要避免使用大步幅均匀节奏的左右跨步虚晃动作。

3. 真动作的衔接

当进攻队员在进行虚假动作诱骗过程中，发觉防守队员对虚假动作产生了相应反应与移动瞬时，要突然衔接使用真动作改变原来的运动方向、运动速度及动作方向，快速利用防守队员判断和移动失误造成的位置空间进行传球或射门，或者是快速占据或通过防守队员“让出”的有利空间区域。

（三）各种假动作方法

比赛中为了获得控制球权的时间与空间优势，运动员在各种技术运用过程中结合假动

作，如踢球、接球、顶球、运球、抢截球、掷界外球及守门员技术等。下面就比赛中常见的一些假动作方法进行简单的介绍。

1. 踢球假动作

如传球和射门，为了使堵住传球或射门路线的对手闪开空当，先向一方做假传或假射动作，当对手去堵假传或假射的传射路线时，突然改变传球或射门动作或脚法，将球从另一方向传出或射出。（图3-60）

图3-60　踢球假动作示意图

2. 接球假动作

如接球转身、变向假动作。接球前，对手在体侧或身后紧逼的情况下，身体重心先向一侧倾斜并做接球假动作，当对手的身体重心也向这一侧跟随偏移时，突然改变接球方法，同

时身体重心快速向另一侧接球变向转身。（图3-61）

图3-61　接球假动作示意图

3. 顶球假动作

面对来球，做出接球的假动作，诱使对手逼近准备抢球，待对手逼近时，突然将球顶出，使对手来不及去防守。（图3-62）

图3-62 顶球假动作示意图

4. 运球过人假动作

运球过人假动作方式方法非常之多。但归纳起来大致有以下几种基本方式方法。

① 一晃一拨过人。如左晃右拨过人或右晃左拨过人。

② 一拨一扣过人。如左拨右扣过人或右拨左扣过人。

③ 虚晃转身过人。如左跨右转过人或右跨左转过人。

④ 突停突起或突起突停过人。如快跑运球中突然急停甩掉防守队员。

⑤ 连续晃动突然变向变速过人。如左右脚连续小步幅从球上方跨过，然后突然向一侧拨或扣球变向变速甩掉防守队员。

⑥ 连续拨扣突然变向变速过人。如左右脚连续用脚内侧来回拨球，然后突然向一侧变向变速过人。

5. 易犯错误

① 做假动作时离防守队员的距离不当，过远或过近效果都较差。

② 身体动作不协调，假动作不够逼真，易被对方识破。

③ 实施假动作过程中失去对球的控制，连接动作失误。

④ 真动作衔接太慢，收不到理想的效果。

⑤ 缺乏观察判断和真真假假随机应变迷惑对手的能力。

其实比赛中运动员的假动作是很多的，除了这里简单介绍几种外还有很多。如抢球假动作，同学们可以通过观察比赛更加全面地总结归纳。

（四）假动作训练方法示例

假动作训练分为两个阶段。第一阶段是假动作技术掌握，主要方法是原地单一假动作练习，强调假动作的协调、准确、逼真，练习重复次数多，在无对抗或者弱对抗下进行；第二阶段是假动作的技能发展与运用，主要方法是将不同技术的假动作结合到其技术专项练习中，强调运用假动作技术的合理与自如。同学们可参考其他技术练习方法，将假动作练习融入其中。注意在这一阶段，假动作技术练习不是独立的，一定要与实际对抗练习有机地结合，重点发展运用假动作的能力，而不是完成假动作的技术能力。

九、颠球

（一）颠球概念、作用、特点

1. 颠球的概念

颠球是指踢球者用身体的各个有效部位连续在空中触击球，使球始终处于不落地且在自己控制范围内的状态的技术动作。

2. 颠球的作用

（1）颠球练习是运动员熟悉球性的一种有效练习手段，以增强踢球者对球的弹性、重量、旋转及触球部位、触击球时用力轻重程度的精确感觉控制能力。

（2）处理空中球的重要辅助练习方法。

（3）运动员比赛中运球过人而球在空中运行时常常用到的动作方法。

3. 颠球的方法

颠球的方法一般常用的有左右脚的脚背正面、脚背外侧、脚内侧，左右大腿，左右肩，胸部和头部共12个主要部位。还有其他一些部位也可以颠球，如脚尖、脚跟、小腿正面、脚掌等，只是这些部位相对少用而已。

4. 颠球的特点

（1）除手臂之外，身体的多个部位都可以进行颠球。

（2）除反弹球外，触球时球均是处于下落状态下的。

（3）多数部位都可以进行原地和跑动中的连续触球或交替触球。

（4）颠球动作的连接动作轻巧快捷。

（二）颠球基本动作结构

颠球的动作结构：虽然常用的颠球部位有多种，但总体上分析，颠球动作一般由身体的准备、连续触球、触球后身体重心保持平稳3个环节组成。

颠球前的身体准备是指颠球者根据选择采用的动作方法，调整好身体的重心和支撑状态，以保证触球肢体和部位能够轻松自如地活动，为颠球动作完成提供有利的基础条件。

连续触球是指颠球者以触球部位连续在空中触击球，以使球向上运行且始终处于自己控制范围内的空间。

触球后的身体重心保持平稳是指颠球者根据球在空中的运行状态和位置，及时调整身体的位置及重心，以保持能够在稳定平衡的身体状态下完成下一个颠球动作。

（三）各种颠球动作方法

1. 颠球的动作要点

（1）颠球的节奏控制要清晰、合理。

（2）触球向上的力量大小与方向控制要合理、适度。

（3）保持触球部位的适度紧张动作要合理、交替。

（4）非触球的身体部位放松与身体重心的稳定支撑控制要正确。

2. 常用颠球方法

（1）脚背正面颠球

① 动作要领：脚背正面颠球是用脚趾上面、脚背正面接近趾关节的部位颠球的一种方法。颠球时，支撑腿屈膝支撑身体重心，当球下落时，颠球脚踝关节适当紧张，用脚背正面部位向斜前上方适当用力搓击球的中后部，使球保持正直地回旋并垂直向上运行（颠起）。（图3-63）

图3-63 脚背正面颠球示意图

② 易犯错误：触球部位不当，颠球节奏不当，踝关节没有适当紧张控制脚形。

③ 纠正练习要点与要求：颠球时踝关节要保持适当的紧张程度并控制好用力的程度。颠球脚的膝关节要弯曲，不能直腿颠球。触球部位在球的正下方，脚背的正面，颠球脚踝关节在脚触球前的瞬间要有稍向前上方抬（勾）起用力的动作，要形成稍向前上方"搓球"的动作，使球正直地向回旋转，以保证球在空中的平稳。颠球时的发力应在踝关节与膝关节处，绝不能在髋关节处，此外，要保持正确的颠球节奏。

④ 练习方法

● 练习方法1：双手持球，将球置于腰部高度并使其落下，然后用右脚的脚背正面将球颠起，用手接住。然后换用左脚进行相同的练习。

● 练习方法2：将球置于腰部高度，并使球落地反弹起来后向下落时用一只脚的脚背正面颠球一次，待球落地反弹起来后，换另一只脚颠球一次，左右脚依次轮换进行练习。

● 练习方法3：双脚连续任意交替颠球，高度不限。

● 练习方法4：双脚连续任意交替颠球，高度不超过头部。

● 练习方法5：双脚连续任意交替颠球，高度不超过腰部。

● 练习方法6：双脚连续任意交替颠篮球（或者是重量较重的球），高度不超过膝关节。

● 练习方法7：双脚连续依次交替颠球，高度不超过头部。

● 练习方法8：双脚连续依次交替颠球，高度不低于头部。

● 练习方法9：一高一低连续颠球。颠球时第一次颠起高度超过自身腰部，第二次颠起时高度不得超过自身的膝关节。

● 练习方法10：一低一高连续颠球。颠球时第一次颠起高度不超过自身腰部，第二次颠起时高度不得低于自身的腰部。

（2）脚内侧颠球

① 动作要领：脚内侧颠球时，支撑腿膝关节微屈，身体重心落在支撑脚上，当球下落至膝关节附近高度时，颠球脚以脚内侧（如踢毽子动作）击球的中下部并向上颠起。（图3-64）

图3-64　脚内侧颠球示意图

② 易犯错误：球离身体较远，踝关节内翻不够，颠球节奏不当，髋关节及膝关节的柔韧性不够造成动作僵硬。

③ 纠正练习要点与要求：踝关节要适当紧张，不能完全放松。颠球脚的膝关节要弯曲，不能直腿颠球。触球部位在球的正下方，脚的内侧面，即足跟、内踝尖、第一跖趾关节3点围成的三角形区域。颠球脚踝关节在脚触球时的瞬间要有向内侧翻起用力的动作，要将脚内侧面形成一个向上的平面，保证使球垂直地向上移动。另外，应使触球点靠近自己的身体。

④ 练习方法

● 练习方法1：双手持球，将球置于腰部高度使球落下，然后用右脚的脚内侧面将球颠起，用手接住。然后换用左脚进行相同的练习。

● 练习方法2：用单脚的脚内侧面连续颠球，高度不限。

● 练习方法3：用双脚的脚内侧面连续颠球，任意交替，高度不限。

● 练习方法4：用双脚的脚内侧面连续依次交替颠球，高度不限。

● 练习方法5：用单脚的脚内侧面连续颠球，高度不超过自己的腰部。

● 练习方法6：用单脚的脚内侧面连续颠球，高度不低于自己的头部。

● 练习方法7：用双脚的脚内侧面依次交替连续颠球，高度不超过自己的腰部。

● 练习方法8：用双脚的脚内侧面依次交替连续颠球，高度不低于自己的头部。

● 练习方法9：用双脚的脚内侧面依次交替连续颠球，高度不超过自己的膝部。

● 练习方法10：用双脚的脚内侧面连续颠球，左脚两次，第一次颠球要高于头部，第二次低于腰部，然后交换到右脚进行相同练习。

● 练习方法11：用双脚的脚内侧面连续颠球，左脚两次，第一次颠球要低于腰部，第二次高于头部，然后交换到右脚进行相同练习。

● 练习方法12：用双脚的脚内侧面连续颠球，左脚两次颠球要高于头部，然后交换到右脚两次颠球要低于腰部；然后再进行交换，左脚颠两次低于腰部，右脚颠两次高于头部。反复依次轮换。

● 练习方法13：变换部位颠球。脚内侧颠球一次，然后用其他部位颠球一次，依次变换不同的部位颠球，每次部位都不重复，都必须在脚内颠球之后才能变换颠球的部位。

● 练习方法14：双脚依次交替颠网球。高度不限，以后可以增加限制。

● 练习方法15：原地对墙连续颠反弹球。距离球墙2~5m，将球向球墙颠出，待球反弹回来落地瞬间将球再次颠出，连续进行。（可先不要求左脚右脚的依次交替颠球）

● 练习方法16：原地对墙连续颠球。距离球墙2~5m，将球向球墙颠出，待球反弹回来时将球再次颠出，连续进行。（可先不要求左脚右脚的依次交替颠球）

● 练习方法17：颠球变向。左脚向左肩外上方颠球，然后用右脚向右肩外上方颠球，依次左右交替颠球。

● 练习方法18：颠球转身。左脚向右肩后上方颠球，然后迅速向左转身用右脚向左肩后上方颠球，然后迅速向右转身再用左脚颠球，反复依次左右转身用左右脚交替颠球。

● 练习方法19：两人左右平行站立，左边队员用右脚脚内侧颠球给站在自己右侧的练习同伴，站在右边的练习同伴则用左脚脚内侧将球颠回给站在自己左侧的练习同伴。依次反复进行。

● 练习方法20：两路纵队，每队3~4人，相对站立，距离6m左右。甲队第一名队员用脚内侧将球传给对面乙队的第一名队员，然后迅速跑回自己（甲队）的队尾。对面乙队的第一个队员直接用脚内侧将球颠回给甲队第二名队员，然后迅速跑回自己（乙队）的队尾。依次轮转。（图3-65）

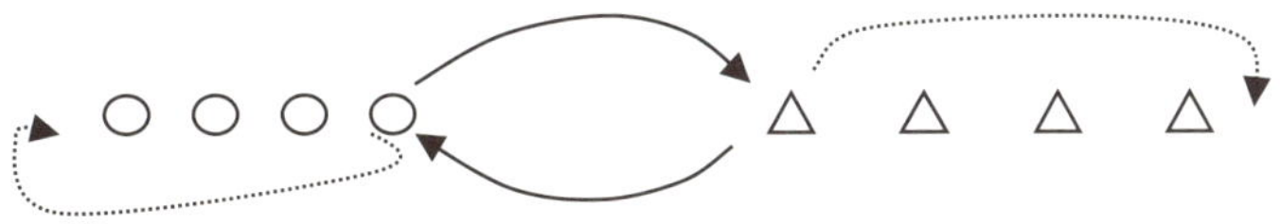

图3-65 脚内侧传球练习

（3）脚外侧颠球

① 动作要领：支撑脚屈膝支撑身体重心。颠球脚小腿向上向外摆起，踝关节外翻，使脚外侧面与地面基本保持平行，以脚外侧部位击球的中下部，将球向上颠起。（图3-66）

图3-66 脚外侧颠球示意图

② 易犯错误：小腿外翻不够，踝关节没有向外翻的动作，以使脚背外侧没有保持一个垂直向上的平面，而是向侧前方，造成颠球向前而失误。颠球节奏不当也是一个重要问题。

③ 纠正练习要点与要求：踝关节要适当紧张。颠球脚的膝关节要弯曲。触球部位在球的正下方，脚的外侧面，即足跟外侧、外踝、小拇趾及脚背外侧几部分组成的区域。颠球脚踝关节在脚触球时的瞬间要有向外侧翻起用力的动作，要将脚外侧面形成一个向上的平面，保证使球垂直地向上移动。

④ 练习方法

● 练习方法1：手持球，将球置于腰部高度使球落下，用右脚的脚外侧面将球颠起，用手接住。然后换用左脚进行相同的练习。

● 练习方法2：用一小球网装球提在手中，并将球控制在自己身体外侧膝部高度的适当位置，然后用左（右）脚的单脚脚外侧面连续颠球。

● 练习方法3：将球抛起于头部高度，球落地反弹起来后向下落时，用一只脚的脚外侧面颠球一次，待球落地反弹起来后，再颠第二次。

● 练习方法4：单脚脚外侧面连续颠球。

● 练习方法5：双脚脚外侧任意交替连续颠球，高度不限。

● 练习方法6：用单脚的脚外侧面连续颠“小沙包”或“毽子”，即队员平时玩的“布沙包”或“毽子”。

● 练习方法7：用单脚的脚外侧面连续颠球，高度不超过自己的头部。

● 练习方法8：用单脚的脚外侧面连续颠球，高度不超过自己的肩部。

● 练习方法9：用双脚的脚外侧面连续颠球，高度不低于自己的头部。

● 练习方法10：用双脚的脚外侧面连续颠球，高度不低于自己的肩部。

● 练习方法11：用单脚的脚外侧面连续颠球，高度不超过自己的腰部。

● 练习方法12：用双脚的脚外侧面连续颠球，第一次颠球要高于头部，第二次低于腰部，然后交换到右脚进行相同练习。不断改变颠球的高度进行交替练习。

● 练习方法13：双脚脚内外侧交替颠球。左脚（或右脚）先用脚内侧颠球一次，然后换为右脚（或左脚）外侧颠球，即进行一内侧一外侧颠球练习。颠球高度不限。

● 练习方法14：变换部位颠球。脚外侧颠球一次，然后用其他部位颠球一次，依次变换不同的部位颠球，每次部位都不重复。都必须是在脚外颠球之后才能变换颠球的部位。

● 练习方法15：颠球过顶。左脚（或右脚）外侧颠球，将球从颠球一侧经过自己的头顶到身体的另一外侧，再换用右脚（或左脚）将球颠过头顶返回起始位置一侧。依次反复交替练习。

● 练习方法16：内外侧交替反向颠球。先用左脚脚内侧将球颠向左肩外侧上方，然后用左脚外侧颠球经过头顶到右肩外上方一侧，再用右脚脚内侧将球颠向右肩外上方一侧，然后再用右脚外侧颠球经过头顶到左肩外上方一侧。反复交替练习。

● 练习方法17：两人左右平行站立，左边队员用左脚脚外侧颠球给站在自己右侧的练习同伴，站在右侧的练习同伴则用右脚脚外侧将球颠回给站在自己左侧的练习同伴。依次反复进行。

● 练习方法18：“三角形”颠球。3名队员站成三角形，距离3~5m，练习开始，第一名队员先用右脚脚外侧向左颠球过自己的头顶传给左侧队员，这名队员用同样的方法将球颠给第三名队员，第三名队员再用同样的方法将球颠给第一名队员，依次反复轮转。然后换左脚练习，改变颠球的方向（队员间的距离可视情况而定，先近后远；颠球的高度可以根据情况进行限制以提高难度，也可以通过限定在规定的时间内必须完成的轮转次数来提高颠球的难度）。

（4）大腿颠球

① 动作要领：颠球时，支撑腿屈膝支撑身体重心。颠球腿屈膝抬大腿，在大腿抬至水平位置附近时以大腿中部击球的正中下部，将球向上颠起。（图3-67）

图3-67　大腿颠球示意图

② 易犯错误：主要是颠球时触球部位不当和颠球节奏不当。

③ 纠正练习要点与要求：颠球腿的膝关节要弯曲上抬。触球部位在球的正下方，大腿的正中部或者稍前一点的部位。颠球时要保证使球垂直地向上移动。上体要放松，两臂要自然弯曲，保持身体的平衡。两眼稍向前下方注视球。注意控制好颠球的节奏。

④ 练习方法

● 练习方法1：双手持球，将球置于腰腹部高度约大腿上方。向正前上方抬起大腿，用左大腿中部轻触颠球一次，然后用手将球接住，换右大腿中部轻触颠球一次。左右腿反复交替练习。

● 练习方法2：大腿连续颠球，高度不限。

● 练习方法3：大腿连续颠球，高度不低于头部。

● 练习方法4：大腿连续颠球，一高一低。颠高球时高度不低于头部，颠低球时高度不高于肩部。

● 练习方法5：中慢速跑动中用右（或左）大腿向正前上方连续颠球（高度可以进行特殊规定）。

● 练习方法6：交替颠球。左（或右）大腿颠球一次，然后用其他部位颠球一次，依次变换不同的部位颠球，每次部位都不重复，都必须是在大腿颠球之后才能变换颠球的部位。

● 练习方法7：“右高左低”和“左高右低”交替连续颠球。颠高球时高度不低于头部，颠低球时高度不高于肩部。反复交替练习。

● 练习方法8：连续颠球，高度由低到高，然后再由高到低。反复练习。

（5）头颠球

① 动作要领：两脚自然左右或前后站立，与肩基本同宽，屈膝支撑身体重心，两臂自然

张开维持身体平衡。头后仰，当球落下至头部高度时，蹬地伸膝，腰部稍向上用力，颈部也稍向上伸头轻轻用力，以前额正面击球的中下部将球垂直颠起。（图3-68）

图3-68 头颠球示意图

② 易犯错误：颠球触球部位不当，颠球用力不协调，时机不当。胆怯。

③ 纠正练习要点与要求：头颠球时踝、膝、髋三个关节及躯干都要弯曲，身体形状似一根稍稍被压缩的弹簧。头向后仰，使前额正面（发际以下，眉毛以上的部位）触球的正下方，颠球时要保证使球垂直地向上移动。颠球用力时下肢要有弹性地用力，颈部适当紧张，要控制触球部位，两眼注视球。注意控制好颠球的节奏。

④ 练习方法

● 练习方法1：双手持球将球放在前额上，尽量保持球在前额上的停留时间。

● 练习方法2：双手持球将球放在前额上方使球落下，球轻轻地击触练习者的前额正面，让练习者体会触球的感觉。

● 练习方法3：手抛球，用前额正面轻轻顶球，然后用手接住球。反复练习。

● 练习方法4：连续颠球，高度不限。

● 练习方法5：连续颠球，颠球的高度（球的下缘与前额之间的距离）要超过 1 m。

● 练习方法6：前额正面颠球，颠球的高度由高到低，再由低到高（颠球高度可视情况而定）。

● 练习方法7：交替颠球。前额正面颠球一次，然后用前额侧面部位颠球一次，依次变换不同的颠球部位，每次颠球部位都不重复，都必须是在前额正面颠球之后才能变换颠球的部位。

● 练习方法8：半蹲姿势连续颠球。

● 练习方法9：跪姿连续颠球。

● 练习方法10：坐姿连续颠球。

● 练习方法11：对墙颠顶球。距离球墙2~4m，正面对墙颠顶球，待球反弹回来，将球向上颠顶调整一次，然后再向球墙颠顶。反复练习。

● 练习方法12：连续对球墙颠顶球。距离球墙3~6m，对墙颠顶球，待球反弹回来，直接将球顶回不做调整。反复练习。

● 练习方法13：跑动中左右额侧面依次交替颠球，颠球的高度不超过50cm。

（6）肩颠球

① 动作要领：肩部颠球时，两臂自然下垂，身体重心保持平稳。在球落下至一侧肩部高度附近时，向上耸肩，以肩关节的上方击球正中下部将球向上颠起。（图3-69）

图3-69　肩颠球示意图

② 易犯错误：耸肩动作不当，颠球节奏不当，触球部位不正确。

③ 纠正练习要点与要求：耸肩时同侧手臂要贴近躯干，身体其他部位要保持放松，不是向上跳起用力，只有向上耸肩的动作。注意控制好击球的部位与颠球的用力方向与节奏。

④ 练习方法

● 练习方法1：自己抛球用肩颠球，将球抛到一侧肩部上方约30cm高度，用肩颠球后用手接球再抛再颠。

● 练习方法2：单侧肩连续颠球，高度不限。

● 练习方法3：两肩依次交替颠球，高度不限。

● 练习方法4：两肩连续颠两次后交替到另一侧肩颠球。

● 练习方法5：两肩颠球，高度由高到低或由低到高不断变化练习。

● 练习方法6：肩、头、肩颠球练习。先肩颠球一次，然后用头颠一次，再用另一肩颠球一次，然后再按相反的顺序进行颠球练习。

（7）脚掌拍球

① 动作要领：支撑脚要稳定支撑身体重心，拍球腿屈膝提起，脚掌拍球前，踝关节要尽量背屈（勾脚尖），在触球时踝关节要尽量跖屈（脚尖向下压），以保证触球时脚掌部位能够向下击中球的正上方。根据颠球高低控制好用力的程度。手、上肢要放松，保持自然协调。（图3-70）

图3-70 脚掌拍球示意图

② 易犯错误：拍球节奏不当，动作不协调，用力程度不够。

③ 纠正练习要点与要求：踝关节要适当紧张。拍球脚的膝关节要弯曲。触球部位在球的正上方，前脚掌的正中部；拍球脚踝关节在脚触球时的瞬间要有向下拍击用力的动作，而不要用向下压腿的力量拍球（开始时可以加一点腿力量，待动作熟练后就只用踝关节的力量拍球），要控制好拍球的节奏。

④ 练习方法

● 练习方法1：坐在椅子上（或台阶上），用脚掌拍球，只用踝关节的屈伸动作拍球。

● 练习方法2：拍水球。将小皮球放在装有半盆水的水盆里，使球漂起来，然后用脚掌有节律地向下拍球，使球向水下沉没。注意在拍球时脚与球的接触时间越短越好。左右脚均要练习。不要用压腿的动作按压球，而是用踝关节的屈伸动作拍球。

● 练习方法3：单脚脚掌连续拍球。

● 练习方法4：用单脚脚掌拍球一次，然后用同一只脚的脚背正面颠球一次，再用脚掌拍球一次。依次反复轮换。

● 练习方法5：单脚脚掌连续拍球，高度由不超过膝关节逐渐下降到不超过小腿的中部，然后再从高度不超过小腿的中部到不超过膝关节。左右脚反复交替练习。

（四）各种颠球动作训练方法示例

1. 脚背正面颠球训练方法示例

练习1  	目的：熟悉球感，初步掌握脚背正面颠球技术。 方法：在区域内每人一球进行颠球练习。 变化：在开始阶段可以先颠反弹球。 要求： （1）身体协调、放松；注意触球部位。 （2）练习时注意尽量不要用手触球。 区域：1/2足球场。 器材：球。
练习2 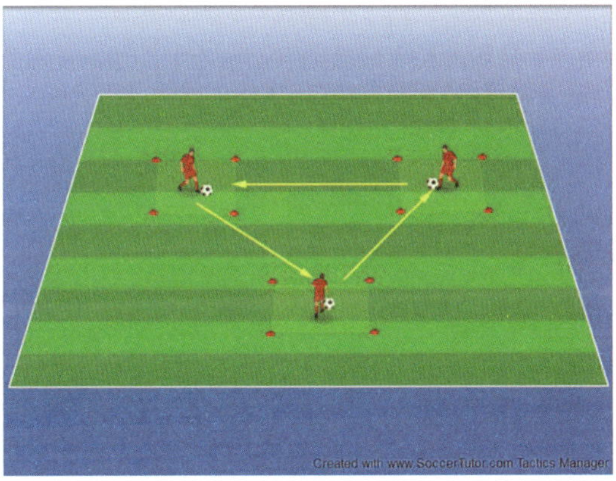 	目的：提高球感与控制球的精巧水平。 方法： （1）每人一球，在2m×2m区域内颠球，可随意改变颠球的高度。 （2）听到教练员的信号后，颠球移动并与同伴交换区域。 要求： （1）颠球时不要离开自己的区域。 （2）颠球移动时尽量控制好球。 区域：1/2足球场。 器材：球、标志盘。
练习3 颠球比赛 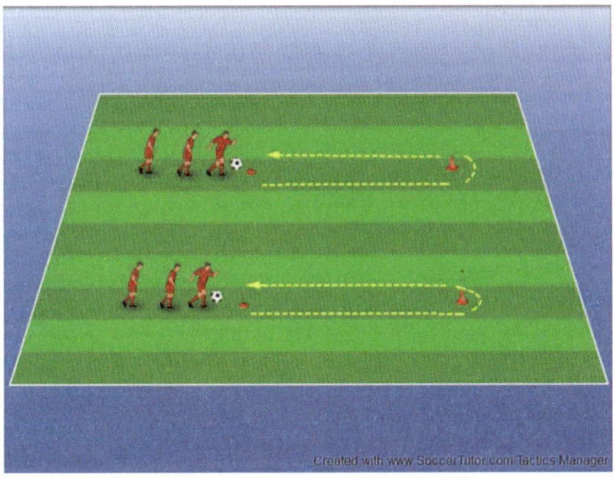 	目的：提高脚背正面颠球能力。 方法： （1）分成两组，每人一球。 （2）队员颠球移动到达标志桶后原地颠球10个，完成后立即颠球返回到起点，传给下一名队员；失误的队员回起点重新开始。 要求：必须用脚背正面颠球。 区域：起点到终点距离15m（可根据情况调整）。 器材：球、标志服、标志桶、标志盘。

2. 脚内侧颠球训练方法示例

练习1 基本技术练习  	目的：熟悉和掌握脚内侧颠球技术。 方法： （1）每人一球，在区域内颠球练习。 （2）可随意地变换颠球高度。 要求：触球部位要准确，动作协调、连贯。 区域：1/2足球场。 器材：球。
练习2 喊数颠球  	目的：逐步提高脚内侧颠球技术。 方法： （1）两人一组，每人一球。 （2）一名队员任意喊出数字（1~10），另一名队员根据同伴喊出数字颠球。完成颠球后该名队员喊出数字，以此类推。 变化：可增加同伴颠球的难度。如左脚颠球3次、右脚颠球5次；颠球高过头顶2次。 区域：1/2足球场。 器材：球。
练习3 接龙游戏  	目的：提高脚内侧颠球精巧技术。 方法： （1）分为两组，每组一球。 （2）将本组队员按照1、2、3、4、5序号排好。序号1的队员依次与本队所有队员进行颠球二过一后传给序号2，序号2再进行颠传球，完成后传给序号3，以此类推。最先完成的一组获胜。 要求： （1）游戏过程中球不能落地。 （2）接球可以用其他部位，但颠球和传球必须用脚内侧。 器材：球、标志服。

3. 脚外侧颠球训练方法示例

练习1 基本技术  	目的：熟悉和掌握脚外侧颠球技术。 方法： （1）每人一球练习脚背外侧颠球。 （2）左右脚交替颠球，开始阶段可以用手辅助。 要求：注意触球部位和正确的技术动作。 区域：1/2足球场。 器材：球。
练习2 移动中颠球 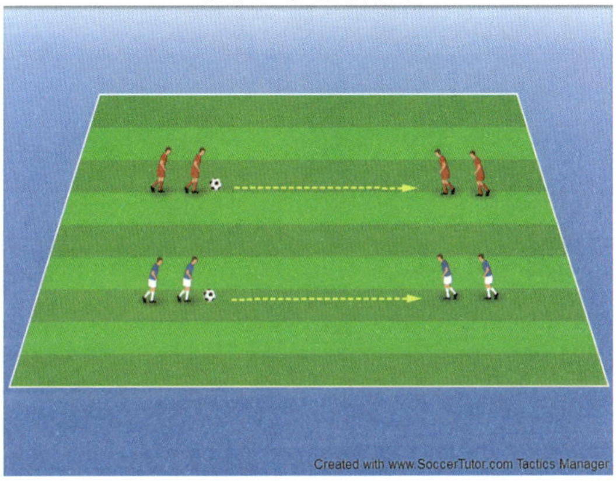 	目的：掌握脚外侧移动颠球技术。 方法： （1）分为两组，每组一球。 （2）持球队员颠球到对面后传给同伴。 变化：开始阶段队员在接球和传球时可以用其他部位；最后要求全部用脚外侧。 要求：球尽量不要落地。 区域：队员相距10~15m。 器材：球、标志服。
练习3 计数比赛  	目的：综合提高多部位颠球技术。 方法： （1）将队员平均分成若干个小组，每组一球。 （2）每次每组一名队员进行1分钟颠球。只有脚外侧颠球才算分，1次1分。球落地得分归零。 3.最后计算每组总分，得分最多者获胜。 要求：掌握好颠球节奏。 区域：1/2足球场。 器材：球、标志服、标志桶、标志盘。

4. 大腿颠球训练方法示例

<table>
<tr><td>练习1 基本技术练习

</td><td>目的：熟悉和初步掌握大腿颠球技术。
方法：两人一球，一人手抛球扔给同伴，另一人用大腿接球后连续大腿颠球10次。
变化：
（1）颠球的高度可以随意变化。
（2）左右两侧交替颠球，或者单侧腿连续颠球几次后交替。
（3）颠球时可以综合其他不同的部位进行颠球。
（4）练习时可以增加特殊要求：如第4次必须用头触球、第6次必须用脚外侧触球。
区域：1/2足球场。
器材：球。</td></tr>
<tr><td>练习2 颠球跑
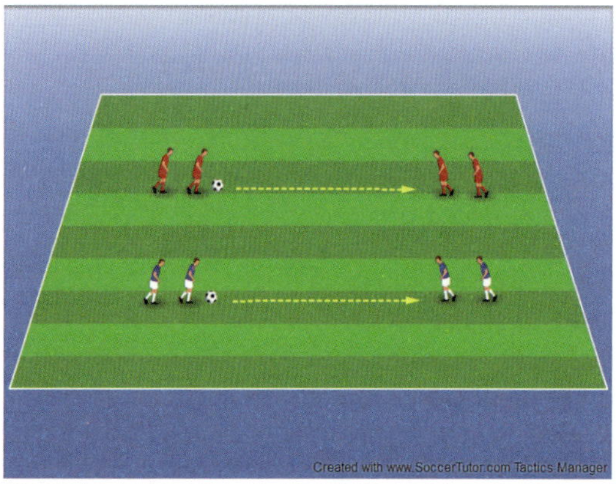
</td><td>目的：提高队员大腿颠球跑的技术。
方法：
（1）分成两组，每组一球。
（2）持球队员快速大腿颠球跑到对面，将球传给队友。
（3）技术熟练后可以进行两组比赛。
要求：
（1）球不要落地。
（2）除传球外，都用大腿触球。
区域：两组相距15m~20m。
器材：球、标志服。</td></tr>
<tr><td>练习3 颠球射门

</td><td>目的：提高运用大腿颠球的技术。
方法：在罚球区前用标志桶标出的区域内大腿颠球10次后射门。
要求：颠球和射门过程中球不能落地。
变化：大腿颠球时不同的身体方向：正面面向球门、侧面侧向球门、后面背向球门。
区域：颠球区域3m × 3m。
器材：球、标志桶。</td></tr>
</table>

5. 头颠训练方法示例

练习1 基本技术 	目的：熟悉与掌握头颠球技术。 方法：每人一球进行头颠球练习。 变化： （1）颠球高度可以高低变化。 （2）将球停放在前额几秒钟。 区域：1/2足球场。 器材：球
练习2 头球接力 	目的：逐步提高头颠球技术。 方法：所有队员围城一个圆圈。一名队员头颠球5～8次后用头传给下一个队友，同伴继续头颠球。 要求：球不要落地；头颠传球时接球、传球全部用头。 区域：1/2足球场。 器材：球。
练习3 头颠球“抢圈” 	目的：提高头颠球和头传球的技术。 方法： （1）外围4~5名队员，中间有1名防守队员，进行“抢圈”游戏。 （2）外围队员用头颠球和头传接球，每名队员必须头颠球3次以上才可以传球；防守队员只能用头断球。 （3）失误队员与防守队员交换位置。 要求： （1）开始阶段降低难度，接传球时可以用身体其他部位。 （2）防守队员可以干扰或者用头去断球，但不能用身体其他部位去抢球和断球。 器材：球、标志服。

第四章 足球技术教学与训练

一、技术与技能

足球技术教学训练过程中很重要的一个方面是作为教学训练过程的主导者的教师要清楚地认识到，足球技术与足球技能是两个不同的概念。千万不要将这两个概念混为一谈。否则就会出现你想练的是技术，但却练成了技能，而你想练技能时又练成了技术。

（一）足球技术

足球技术是指运动员在比赛中完成各种有球动作时所采用处理球的方法，也是运动员在比赛过程中表达自己比赛意图时最为关键、最为核心的方法手段。足球比赛过程中如果缺少了足球技术元素，那足球比赛就失去了最重要的部分和最精彩的方面。因此，前联邦德国足球教练绍恩曾说：“足球运动最重要的决定性的部分是技术。”[1]

（二）足球技能

足球技能是指运动员在比赛过程中根据比赛实际情况而选择、使用不同足球技术动作方法时的运用能力。技能是技术的升华，带有明显突出的战术意识成分，它是足球运动员竞技能力构成要素中最为活跃的要素之一。

[1] 何志林. 现代足球[M]. 北京：人民体育出版社，2000.

二、教学与训练

足球运动中，教学与训练始终是一个相互联系又有区别的组织过程。因此，在学习过程中要如同学习技术与技能一样，既要搞清楚教学与训练的基本特点与区别，也要搞清楚技术训练与技能训练的区别。

（一）教学与训练的主要区别

1. 教学目的是以学会为主，训练目的是以提高为主

足球教学训练过程中，教学的主要目的是让初学者或者新学者通过教师的讲解、示范、指导练习过程，将原来不会做的技术动作方法变为会做的动作和方法，将原来不知或知之甚少的知识变为已知或知之甚多的知识。而训练则主要是在练习者已有的技术技能基础上再进一步地提高。

2. 教学内容是以规范为主，训练内容是以变化为主

足球教学过程中，教师在向学生传授知识和技术技能时，一方面，是根据相应的教学大纲文件的规定来进行，选择的授课内容也都是大纲中限定的内容；另一方面，在组织学生进行基本技术练习过程中，教师更多是注重学生完成技术动作的规范水平。而在训练中，教师则将注意力放在学生不同情景下完成各种基本技术动作能力的提高上，训练的内容选择是根据实际需要确定的，根据学生在比赛实践过程中出现的不同问题有针对性地进行选择。

3. 教学方法是以静、慢、简为主，训练方法是以动、快、繁为主

在足球教学过程中，为了使学生能够较顺利地学会基本技术动作或战术动作，教师在采用教学方法时，常常会采用让学生在相对静止、运动速度较慢、变化简单的练习状态下进行练习，以使学生能够较顺利地完成学习任务。而训练时，则会采用让学生在非静止、运动更加快速、完成方法更加复杂困难的状态下练习，以增强学生抗干扰的能力和在实战中的适应能力。

（二）技术训练与技能训练的主要区别

在足球教学训练过程中，不但要清楚地认识到技术与技能概念的区别，也要清楚地认识到技术训练与技能训练的区别。充分理解技术训练与技能训练两者之间的区别有助于教学训练质量的提高。技术训练与技能训练的主要区别有以下几点。

1. 技术训练的目的在于提高运动员比赛中采用的各种基本动作方法熟练程度的训练。主要是训练动作的规范程度与不同条件下完成动作质量的稳定性。主要解决运动员掌握动作方法的数量和动作完成的质量问题。

2. 技能训练的目的在于提高运动员在技术运用方面的合理性与灵活性的训练。主要解决运动员在比赛中合理、巧妙、灵活、高效地运用各种技术动作的能力问题。

3. 技能训练要注重在多种比赛情景下进行练习，技能训练要带有战术意识思维活动成分在内，要靠良好的战术意识去支配技术动作的完成。

4. 技术训练的要求突出在完成动作过程中的肢体动作控制能力，如踢球时的用力大小、摆腿用力方向、身体重心与肢体的协调配合等方面。技能训练的要求突出在使用动作方法的合理性、动作实施的时机、动作方法、路线、角度、变化的选择与控制。

（三）技术教学训练组成要素

足球教学训练过程中，有效提高技术教学训练质量，需要对技术教学训练组成的要素进行基本分析。在技术教学训练过程中合理适时地将相关的多种要素结合起来，可以达到提高技术教学训练质量的目的。如果没有将相关组合因素合理结合，技术教学训练的效果则会受到限制。技术教学训练的组成要素主要包括以下方面。

1. 活动方式

足球技术教学训练过程中，应根据教学训练的基本目的和其他相关要求来合理选择运动员练习的活动方式。如一般在新技术或难度技术的初学阶段，多采用相对静态下的练习活动方式；在复习提高阶段，多采用运动状态下的练习方式。活动方式因素在技术教学训练中主要达到的目的是：（1）使运动员较顺利地学会新的或难的技术动作方法；（2）体现技术动作在实际比赛运用中的基本特点；（3）增加或减少技术练习的难度，提高运动员的实战适应能力；（4）促进运动员位置技术的形成；（5）减少技术练习过程中的枯燥感，提高运动员练习的积极性。

2. 活动范围

足球技术教学训练过程中，要考虑技术动作本身的基本特性，根据这些基本特性来选择学生活动的范围。如脚背内侧踢球练习，学生的活动范围就需要大一些，而熟悉球性的颠球练习则活动范围就可能小一点。活动范围因素在技术教学训练中主要达到的目的是：（1）使技术练习过程顺利完成；（2）调整活动范围以达到增加或减少运动员的运动负荷量；（3）使运动员熟悉相应的主要位置职责场区，促进位置技术的形成。当然还可以考虑其他方面的因素，以确定练习时的活动范围。

3. 动作速度

足球技术教学训练过程中，要提高练习者的技术动作水平，提高其完成动作时的动作速度是重要的方面，特别是技术动作关键环节的动作速度。如射门时的摆腿发力动作速度。动作速度因素在技术教学训练中主要达到的目的是：（1）使运动员完成的动作质量本身得到提高；（2）使运动员的位置技术特长更加明确；（3）增加或减少运动员的练习负荷量；（4）增加或减少运动员技术的练习难度。

4. 动作组合

足球技术教学训练过程中，将不同的技术动作方法以不同的衔接方式串联起来，是提高运动员技术水平的重要方法之一，特别是在运球过人、接球摆脱、接传球、接球与射门技术组合等。动作组合因素在技术教学训练中主要达到的目的是：（1）促进运动员的技术运用的熟练性与灵活性；（2）促进运动员的技术动作变化的合理性与有效性；（3）促进运动员位置技术特长的形成；（4）调节技术练习的复杂性与兴趣性。

5. 动作练习次数

运动技术水平提高的基本途径之一是要经过大量的重复练习，在高质量的数量重复积累基础上，由量变达到质变。动作练习次数因素在技术教学训练中主要达到的目的是：（1）在高质量重复次数基础上，使运动员完成技术动作的规范性得到提高；（2）在高质量重复次数基础上，使运动员完成技术动作的熟练性得到提高；（3）在高质量重复次数基础上，使运动员完成技术动作的灵巧性得到提高；（4）在高质量重复次数基础上，使运动员完成技术动作的可变性得到提高；（5）在高质量重复次数基础上，使运动员完成技术动作的精确控制能力得到提高；（6）通过动作练习次数的增减来调节运动员技术练习的负荷。

6. 练习人数

技术教学训练中每个练习中的人数变化与人员组合也是提高技术教学训练质量的重要方面。练习人数因素在足球教学训练中主要达到的目的是：（1）调节运动员练习时的身体负荷量；（2）为位置技术特长练习提供人员基础和便利条件；（3）为技术练习方法难易变化提供选择可能。

7. 对手参与练习

足球技术教学训练中，对手参与练习因素的主要目的是：（1）使运动员从基本技术训练转变为基本技能训练；（2）为技术训练提供多种实战对抗基本常见情景；（3）增加或减少运动员技术完成时的训练难度；（4）为技术训练提供实战对抗中的特殊情景。

8. 选用器械设备

为了提高技术教学训练的效果，充分利用教学训练的辅助器材也是重要的方面。器械设备的选用因素在足球教学训练中主要达到的目的是：（1）为技术教学训练提供连续稳定的特殊条件；（2）为提高教学训练效果提供外部条件支持。

9. 限制线、区的作用

不同的足球技术动作方法在比赛中的使用会有一些差别，在足球比赛中，运动员在不同的场区内其技术动作的使用也会有一些不同。限制线、区的作用因素在足球教学训练中主要达到的目的是：（1）为运动员技术动作的使用提供特别的提示与约束；（2）为运动员技术动作的使用提供便利条件或增加困难条件；（3）为促进位置技术特长发展提供有利条件。

10. 信号因素

足球运动员在比赛中接收的信号有很多，因此，在足球技术教学训练中利用信号因素来提高教学训练效果也是非常重要的方法之一。信号因素在足球教学训练中主要达到的目的是：（1）促进运动员完成技术动作的时机合理性；（2）促进运动员完成技术动作过程中的变化能力提高；（3）促进运动员选择、完成技术动作的合理性提高。

（四）足球技术执教方法示例

1. 安排技术训练方法的四个基本阶段

对一项足球基本技术，在教学训练方法安排与使用方面，以往传统做法是从原地静止的练习开始，过渡到活动中练习，最后再进入到对抗情况下练习。可以说也是一种逐渐递增练习难度的模式。这种传统的技术教学训练过程模式理念，在现阶段已经被概念更加清晰准确、过程结构更加先进的“技术、技能、职能、实战”四个阶段的理念所取代。

（1）技术学习阶段是指在某项技术学习的开始阶段，主要是通过不同练习方法安排以提高练习者的动作方法的规范性水平和熟练性水平。这种学习阶段没有战术意识活动的因素。练习者只是追求动作本身的质量。

（2）技能学习阶段是指在技术学习阶段的基础上，由单纯的技术学习过程向技术使用学习过程过渡。这种学习阶段增加了战术意识活动的简单因素，如判断与选择等。练习者在追求动作本身的质量提高的同时增加了追求战术意识活动合理性和技术动作使用的合理性。

（3）位置职能阶段是指在前两个练习阶段的基础上，突出了足球比赛中的不同位置技术特长的学习。如脚背内侧踢球技术，在前锋队员位置上，脚背内侧技术更多是用于射门动作，而在中场位置的前卫队员，此项技术更多是进行传球。位置职能阶段的另一个意思是指在不同的位置上，运动员所需要的技术动作能力和方法类别也有所区别。

（4）实战运用阶段是指实战比赛条件对技术使用的各个方面加以磨练提高的过程，也是技术学习过程中的最高阶段。任何技术都是在实战中运用发挥其功能，运动员只有在实战中合理有效地使用各种技术，把自己所学技术的功用发挥出来，才能说运动员的技术水平提高了。那种在场下动作漂漂亮亮，场上动作乱七八糟、磕磕绊绊的技术不是真正的技术。

2. 基本技术训练方法示例（脚内侧踢球技术教学与训练）

（1）技术学习阶段练习

目的：使学生初步了解学习脚内侧踢球动作方法。

方法：（讲解示范后的练习）学生4人一组，一分为二，相对距离6~8m，以脚内侧传球。传球后跑动到对面同伴队尾。

要求：注意支撑脚位置要正确、踢球腿小腿前摆加速要明显，脚触球部位要正确。

（2）技能学习阶段练习

目的：使学生初步学习合理运用脚内侧踢球技术。

方法：抢圈练习。6人一组，在10m×10m范围内进行，2人在圈里抢球，4人在圈外传球。

要求：以脚内侧传球为主，合理运用（脚内侧）传球技术。

（3）位置职能阶段练习（以边前卫边路传中技术为例）

目的：提高队员边路传中技术水平。

方法：队员分为两组，一组队员每人一球，在罚球区外的边路拿球快速下底传中（以脚背内侧传侧旋转球为主），另一组队员在门前中路包抄射门。

要求：队员依次进行传中。传中以脚背内侧传侧旋转球为主。控制好传球运行路线运行弧度及落点高度与位置。

（4）实战运用阶段练习（以运球技术为例）

目的：提高队员在实战中综合运用各种运球技术能力。

方法：运球过底线练习。队员分为两队，在30m×35m范围进行小场地比赛。

要求：大胆合理运用运球及运球过人技术，运球进门得3分，其他射门方式得1分。

第五章 足球技术教学训练原则

足球教学训练的原则是足球教师或教练员在进行足球运动的教学训练过程中，根据教学规律和目的，在教学训练课节奏变化、教学内容安排、运动负荷量确定、教学训练具体方法运用的选择等方面，以提高教学训练效率与质量为目的而应遵守的基本要求。它反映了人们对足球教学训练活动本质性特点和内在规律性的认识。足球教学训练原则在教学训练活动中的正确和灵活运用，对提高教学训练质量和效率发挥着重要的保障性作用。任何足球技术与技能的教学与训练过程，当处在学生或运动员学习与掌握技术动作阶段时，教学因素是主要的，而在巩固、提高与合理运用技术，由技术向技能发展阶段时，训练因素则是主要的。下面就足球教学训练过程中的基本原则进行简要陈述。

一、直观性原则

所谓足球教学训练中的直观性原则是指在教学过程中，教师通过示范、情景视频、实景模拟、图片、照片等视觉直观方法，促使学生对要学习的知识技能形成清晰正确的表象，丰富与强化学生的感性认识，为学生最终掌握与运用新知识、新技术、新技能，学习与掌握足球运动规律而采用的教学训练手段与方法准则。

在教学训练过程中贯彻直观性教学训练原则时，教师要注意以下基本要求。

（一）选择直观手段要符合教学训练目标与特点

在选择直观手段运用时要认真考虑教学训练场所、教学训练对象、教学训练内容与目的等因素，直观手段的选用要符合教学的目的要求和教学的特点。

（二）要正确运用直观手段

教师和教练员要认识到，直观只是手段而不是目的。因此，教师和教练员要合理考虑使用直观教具的数量、时间和地点，不要为了直观而直观。

（三）直观手段运用要考虑教学训练对象的实际情况

在教学训练中，教师和教练员在直观教具的选用时，要考虑教学训练对象的实际情况，要符合教学训练对象的年龄特征和认识水平，要在直观的基础上提高教学训练对象的认识水平。

（四）直观手段运用时要注意结合内容重点与细节的讲解

运用直观手段时，教师和教练员要对直观演示内容中的重点部分和核心细节进行适当的讲解，以引导教学训练对象能够更加准确、清晰、全面地学习、领会与把握整体内容，特别是内容的核心部分。

（五）要重视运用语言直观

精准的语言描述也是一种直观。教师和教练员要在教学训练中习惯于用精准的文字和术语进行教学训练内容的语言描述。如10m运球折返练习时，教练员如果对运动员说运球“到10m线后返回”和运球“过10m线后返回”以及运球“踩10m线后返回”。运动员在完成运球返回时，对距离10m线的理念概念是完全不同的。对“到线”的理解，有可能是很接近10m就返回了，而“过线”有可能越过了较多距离才返回，只有“踩线”是最精准的描述。

二、系统性原则

所谓足球教学训练中的系统性原则，是指足球教学训练按照足球运动学科的逻辑系统和学生认识发展的顺序，持续、连贯、有计划、按步骤地系统进行，使学生全面系统地掌握足球运动的基础知识和基本技能而采用的教学训练手段与方法准则。

在教学训练过程中贯彻系统性教学训练原则时，教师要注意以下基本要求。

（一）首先要保证运动员的训练过程是有序和连续系统的

最新的足球训练理论认为，一名儿童从接受足球训练到成长为一名职业球员要经过1万小时高质量的系统训练。这就要求教师和教练员在教学训练中要从总体上进行详细的多年规划与设计，要保证顶层设计的完整性和高质量。

（二）要保证训练内容的全面和多样系统性

足球技术在足球运动中是一个难易有别、种类繁多的子系统。足球场上运动员完成技术动作时必须具备除手臂之外，其他身体部位都能够熟练、合理、巧妙地处理各种来球的技术能力。因此，一定要使运动员左右脚和头都能够熟练完成各种踢/顶球、接球、运控球技术动作和抢断等技术动作。

（三）教学训练中要有明确的阶段重点

不同的阶段应有相应的教学训练重点，不能所有阶段都是一样的训练要求。在教学训练中绝不能主次不分，重点与一般不分。

三、针对性原则

所谓针对性原则，是指足球教学训练按照运动员的个人特点、教学训练的目的要求、教学训练的时间阶段、比赛日程安排、比赛对手、比赛目标、比赛活动所在地域的气候环境等主客观条件，合理地确定教学训练的内容，选择教学训练的方法手段和安排运动负荷，有明确目标指向地改善运动员在不同方面的适应性的教学训练准则。

在教学训练过程中贯彻针对性教学训练原则时，教师要注意以下基本要求。

（一）针对不同年龄的对象

一般意义上讲，儿童青少年的年龄越小，接触足球运动训练水平的程度越低。儿童青少年在不同的年龄阶段有其身体机能自然生长发育的基本特征。因此，在教学训练中要根据其年龄特征选取合理的教学训练内容与训练方法及运动负荷要求，不可将儿童青少年视为“小大人”，以成人化的方法进行教学与训练。

（二）针对不同能力水平的对象

教学训练对象的能力水平不同，其接受能力和执行能力也有很大的差异。在教学训练中要根据教学训练对象的实际水平来选择安排练习的难度、繁杂程度和负荷水平。一定要防止以成人化的教学训练方法和要求去训练儿童青少年。

（三）针对不同的性别对象

男女儿童在10~12岁之后，男女之间的性别差异就会逐渐表现出来。由于性别差异造成的身体机能和身体素质及心理方面的差异不断加大。因此，在教学训练中要考虑男女之间的这些差异和不同，在训练方法、训练负荷、训练指导方式方法上充分注意到男女有别。

（四）针对不同的位置职责

足球比赛中，不同位置队员的职责不同，由于位置职责不同而形成的位置技术特点也不相同。前锋队员突出的是运球过人、射门技术；前卫队员突出的是接控球、传球技术；后卫队员突出的是抢球、断球和争顶球。

（五）针对不同的战术打法需要

不同的战术打法，需要的技术能力有所不同。以长传快攻为主的战术打法需要运动员个人有良好的长传球技术、在高速跑动中接控球和快速完成射门的技术能力；以短传渗透配合为主的战术打法则需要运动员个人有良好的传接球和运控球能力。因此，在教学训练中要根据这些方面的不同，选择确定相应的训练重点和训练要求，进行有针对性的训练。

四、渐进性原则

所谓渐进性原则，是指在教学训练过程中根据学生的实际能力、足球运动学科知识体系的内部逻辑结构、运动技能形成的基本规律特点及其他相关因素，在教学训练中采用先易后难、先简后繁、先静后动、先慢后快等教学训练方法时应遵循的准则。

在教学训练过程中贯彻渐进性教学训练原则时，教师要注意以下基本要求。

（一）内容选择要由易到难

足球技术内容非常繁多。在教学训练中要合理选择内容，要将基础性的简单易学易掌握的技术内容优先安排。如脚内侧传接地滚球和脚背运球技术。

（二）方法选择要由易到难

同样的练习内容，练习方法不同会增加练习的难度。如原地脚内侧传接球就比跑动中的脚内侧传接球相对容易一些。

（三）难度控制要由易到难

技术练习要不断提高完成技术动作时的困难程度。如脚背正面射门技术练习，由原地助跑踢静止的定位球，到慢跑中踢速度较慢的活动球，再到慢跑中踢速度较快的活动球，再到快跑中踢速度很快的活动球，以及其他等不断增加的困难程度下的脚背正面射门踢球技术。

（四）难度设置要由易到难

运动员技术水平的提高要向技能水平提高的方向发展。由此，要在技术练习中不断增加技术练习难度的维度数量。要从一个维度的难度增加，提高到两个维度和多个维度的难度增加。如从时间维度上不断缩短运动员完成某一技术动作的时间，增加到缩短时间与缩减空间两个维度，然后再增加对手对抗干扰因素的维度。只有在各种难度情况都能够准确合理完成的技术才能在比赛中真正发挥作用。

五、质量性原则

所谓质量性原则，是指在教学训练中为达到教学训练目标，保证教学训练效果和质量在选择确定训练内容、训练方法、训练负荷、训练要求方面应遵循的准则。

在教学训练过程中贯彻质量性教学训练原则时，教师要注意以下基本要求。

（一）要注重技术动作规范

足球运动员没有良好的技术动作规范化水平，动作质量就很难以稳定的状态表现出来。因此，教师在教学训练中，要注意技术动作的规范化要求。特别是技术动作构成环节中的核心部分的规范化要求。如踢球动作中的支撑脚位置选择、踢球腿摆动方法与方向的控制、脚触球部位的正确控制，这几个关键部分的规范化质量水平高低会直接影响踢球效果。

（二）要强调高质量的重复练习

基本技术的训练提高需要大量的重复练习不断磨炼。由量的积累到质的飞越。但应知道，不规范的动作重复练习得越多，错误动作形成就越牢固越不容易改正。因此，在强调重复练习的过程中，要格外强调每次技术动作练习都要以正确动作方法完成。

（三）要强调发展优势/先进技术动作

踢停/接球的基本技术动作主要在脚部。但同样的踢停/接球技术可以有不同的完成方法。如踢球，可以是动作幅度大的以髋关节发力为主的“钟摆式”踢球，也可以是动作幅度小、小腿充分后摆、爆发式前摆以膝关节发力为主的“弹踢/鞭打式”踢球。弹踢动作小速度快，实战中的适应性好，因此要重点发展。又如脚部的接球技术可以是以“大腿后撤”为主的缓冲方式触球，也可以是以“小腿后撤”为主的缓冲方式触球。但“小腿后撤”缓冲的触球方式要比“大腿后撤”缓冲的触球方式动作幅度小、对抗适应性好，因此也应重点发展。而在以“小腿后撤”为主的缓冲方式触球的方式中，有两种触球方式：一是“后撤式”触球；二是“下切式”触球。相比之下，“后撤式”的触球方式比“下切式”的触球方式安全性高，效果更好，因此应重点发展“后撤式”的触球动作技术。

（四）要精益求精，追求更好

态度决定努力过程的好坏，细节决定努力结果的好坏。要在教学训练中，培养足球运动员注重技术动作细节方面的训练要求，特别注重练习细节质量的改进与提高。如踢球技术中的支撑脚与球的位置关系，前后距离与左右距离也只有几厘米的变化差异，可就是这几厘米的差异就会明显地改变踢出球的效果。如支撑脚脚尖在球的前沿后几厘米，球就容易踢高；支撑脚脚尖在球的前沿平齐位置，球就不易踢高。因此，教练员要学会分析与观察，提高自身观察分析问题的能力，抓紧抓好各种技术细节的教学训练要求。通过提高细节要求，不断提高教学训练质量。